Emanuele Coccia

DAS ZUHAUSE

Philosophie eines scheinbar
vertrauten Ortes

Aus dem Italienischen
von Andreas Thomsen

Hanser

Titel der Originalausgabe:
Filosofia della casa. Lo spazio domestico e la felicità.
Turin, Giulio Einaudi editore 2021

Die Übersetzung dieses Buchs wurde vom Zentrum für Bücher und Lesen des italienischen Kulturministeriums gefördert.

CENTRO PER IL LIBRO E LA LETTURA

2. Auflage 2022

ISBN 978-3-446-27420-4

Umschlag: Anzinger und Rasp, München
Motiv: © Cinta Vidal
Satz im Verlag
Druck und Bindung: CPI books GmbH, Leck
Printed in Germany

MIX
Papier | Fördert gute Waldnutzung
FSC® C083411

Für meine Tochter

INHALT

EINFÜHRUNG

DAS ZUHAUSE JENSEITS DER STADT

Die Philosophie hatte immer schon eine besondere Beziehung zur Stadt. Dort ist sie entstanden und hat sich weiterentwickelt, dort wurde über ihre Vergangenheit und Zukunft nachgedacht. Die Geschichte der Philosophie handelt von Straßen, Märkten, Versammlungen, Kultstätten und Palästen, in denen sich die Macht konzentrierte. Es ist eine Geschichte, die weniger einem Roman gleicht als vielmehr der Karte einer Grand Tour, auf der dieses esoterische und elitäre Wissen von Stadt zu Stadt, Land zu Land und Kontinent zu Kontinent weitergegeben wurde.

Auf dieser philosophischen Landkarte wäre die großgriechische Stadt Kroton, das heutige Crotone in Kalabrien, besonders deutlich hervorgehoben. In dieser Stadt, in der Pythagoras im Jahr 532 v. Chr. seine Schule gründete, erhielt die Philosophie ihren zunächst wohl ironisch gemeinten Namen. In der Sprache der damaligen Zeit beschrieb der Begriff »Philosophia«, also die »Liebe zur Weisheit«, nämlich etwas, das irgendwo zwischen dem Wunsch nach Wissen und dem Bekenntnis zum Dilettantismus lag, denn die Weisheitssuchenden betrachteten sich keineswegs als »Experten«. Als Nächstes würde einem Betrachter der Karte wohl Athen ins Auge springen, wo Platon (387 v. Chr.) und Aristoteles (335 v. Chr.) ihre Schulen in der Akademie und im Lykeion gründeten.

Hier erhielt die Philosophie ihre höheren Weihen und verstand sich von nun an selbst als Stadt. Während sie in Kroton die Lebensregel einer Gemeinschaft aus Individuen war, die beschlossen hatten, anders zu leben als andere, erhob sie in Athen den Anspruch, der Maßstab für die Beziehungen aller Menschen zu sein. In Syrakus scheint die Philosophie dann der Versuchung erlegen zu sein, die Macht an sich zu reißen und sich selbst zum Souverän aufzuschwingen. Sie entwickelte sich dort zur Quelle des Gesetzes, das alle Handlungen und Meinungen regelt, und zur Hüterin aller Wahrheiten, die die Stadt anerkennen und pflegen durfte. In Rom wurde der Wunsch, »belebtes Gesetz« (*lex animata*) zu werden, so radikal umgesetzt, dass man das Denken mit Recht und Gesetz gleichsetzte. Auch Paris darf auf der philosophischen Karte nicht fehlen, wo die Philosophie zum Lehrgegenstand wurde, und ebenso wenig Frankfurt, wo sie lernte, eine Kraft des Protestes zu sein, die verhindert, dass alle Städte mit sich selbst übereinstimmen.

Die Liste der Städte, in denen sich die Philosophie niedergelassen hat, ist schier endlos. Und anders als vielleicht manche vermuten, beschränkt sich unsere philosophische Landkarte keineswegs auf Europa, sondern reicht weit darüber hinaus. In Alexandria etwa begegnete die Philosophie der jüdischen Kultur und Religion und vermischte sich mit ihr. Zu nennen sind in diesem Zusammenhang vor allem die Schriften Philons, die bis heute unsere Sichtweise auf das Göttliche prägen. In Hippo Regius, dem heutigen Annaba in Algerien, entdeckte die Philosophie die erste Person und lernte nicht nur »Ich« zu sagen, sondern auch sich in das Alltagsleben der Menschen hineinzuversetzen. Hier schrieb Augustinus seine *Confessiones* (Bekenntnisse). In Bagdad wurde die Philosophie zum Treffpunkt der Kulturen, als man die persönliche Bibliothek des Kalifen Hārūn ar-Raschīd 832 in ein »Haus der Weisheit« umwandelte, das Philosophen, Astronomen, Mathematikern und anderen Gelehrten offenstand, ganz gleich, woher sie kamen, welche Sprache sie sprachen oder welcher Religion sie angehörten.

Die Philosophie war allerdings nicht nur in Metropolen und Hauptstädten zuhause, sondern erblühte oftmals auch in der Provinz. Einige der wichtigsten philosophischen Abhandlungen wurden in kleineren Städten verfasst. Spinozas *Ethik* etwa entstand in Voorburg und Den Haag, Hegels *Phänomenologie des Geistes* im beschaulichen Jena, wo auch viele Protagonisten der deutschen Romantik, wie die Brüder Schlegel, Novalis, Ludwig Tieck oder Clemens Brentano, zuhause waren. Alle diese Städte haben ihre unauslöschliche Signatur im Corpus der Philosophie hinterlassen, eine Hieroglyphe aus verdichteten Gedanken, in der die Atmosphäre, das Licht und die Existenz einer jeden von ihnen verewigt ist.

Und doch verschleiert dieses wunderschöne philosophische Diorama einen wichtigen Sachverhalt. Athen, Rom, Bagdad oder Alexandria sind im Grunde nämlich nur hypnotische Kulissen, die zwar jedes Theater in den Schatten stellen, aber letztlich nicht mehr Substanz besitzen als ein gewaltiges Schattenspiel. Sie mögen ja die Geburtsstätten der Philosophie sein, aber letztlich sind die Städte dieser Welt nichts weiter als riesige Freilichtbühnen, die uns vorgaukeln, anderswo zu sein, während sie den Ort, an dem wir uns wirklich befinden, vor uns verbergen. Wir tun alle so, als wüssten wir das nicht, dabei bewohnt keiner von uns tatsächlich eine Stadt. Das ist unmöglich, denn Städte sind im wahrsten Sinne des Wortes unbewohnbar. Wir können endlose Stunden in ihnen verbringen und wunderbare oder schreckliche Momente erleben. Wir können im Büro sitzen, einen Schaufensterbummel machen oder das Straßengewirr erkunden, uns in Theatern oder Kinos vergnügen, in Bars oder Restaurants etwas zu uns nehmen, auf Sportplätzen unsere Runden drehen oder in Schwimmbädern unsere Bahnen ziehen. Aber früher oder später müssen wir nach Hause zurückkehren, denn bewohnen können wir diesen Planeten immer und nur dank und mittels eines Zuhauses. Seine Form ist nicht entscheidend. Es kann sich um ein Hotel oder eine Wohnung handeln, ein Sofa oder einen Wolkenkratzer, es kann so unordentlich sein wie eine Rumpelkammer, so ärmlich wie eine Scheune oder so prachtvoll wie ein Palast, es kann aus Stein oder faltbarem Leder bestehen, das man mit sich herumtragen kann. Aber irgendwo in der Stadt gibt es immer ein Zuhause, in dem wir leben können. Ein Leben, das versucht, den städtischen Raum unmittelbar zu bewohnen, ist zum Scheitern verurteilt, denn der einzige wahre Stadtbewohner ist der Obdachlose. Er führt jedoch ein ungeschütztes, verletzliches Leben, das ihn tödlichen Gefahren aussetzt.

Allen Übrigen erschließt sich die Stadt jedoch nur durch ein wie auch immer geartetes Zuhause. Ich habe Teile meines Lebens in Paris, Berlin, Tokio und New York verbracht, aber bewohnen konnte ich diese Städte immer nur mit Hilfe von Schlafzimmern und Küchen, Stühlen, Schreibtischen, Schränken, Badewannen und Heizkörpern.

Wohnen ist allerdings weit mehr als ein zu lösendes Raumproblem. Denn es bedeutet nicht, von etwas umgeben zu sein oder einen bestimmten Teil des auf der Erde verfügbaren Raumes zu okkupieren. Wohnen heißt, Beziehungen zu bestimmten Menschen und Dingen aufzubauen, Beziehungen, die so intensiv sind, dass wir sie ebenso brauchen wie die Luft zum Atmen. Das Zuhause ist eine Kraft, die unser ganzes Sein beeinflusst und damit alles, was sich innerhalb seines magischen Kreises befindet. Architektur oder Biologie spielen in diesem Zusammenhang keine Rolle, denn wir bauen Häuser heute nicht etwa, um uns vor den Elementen zu schützen oder den Raum mit der genealogischen Ordnung und unserem ästhetischen Empfinden in Einklang zu bringen. Vielmehr stellt jedes Haus, jedes Zuhause eine moralische Realität dar. Wir bauen Häuser, um in gemütlicher Form den Teil der Welt zu beherbergen, der für unser persönliches Glück unerlässlich ist. Und dazu gehören nicht nur Menschen, Tiere, Pflanzen und Gegenstände, sondern auch Ereignisse, Erinnerungen, Vorstellungen und eine bestimmte Atmosphäre.

Andererseits beweist die Praxis des Häuserbauens, dass sich die Moral – die Theorie des Glücks – nicht auf ein paar psychologische Ermahnungen und Lehren über gute Absichten, Sorgfalt und Seelenhygiene reduzieren lässt. Das Zuhause repräsentiert eine materielle, Menschen und Gegenstände gleichermaßen einbeziehende Ordnung. Es ist im wahrsten Sinne des Wortes ein Haushalt der Dinge und Gefühle, der sich selbst und andere in einer räumlichen Einheit zu etwas verbindet, was wir im weitesten Sinne als »Fürsorge« bezeichnen. Glück ist weder ein Gefühl noch eine rein subjektive Erfahrung, sondern der willkürliche Gleichklang, der Menschen und Dinge für einen flüchtigen Moment in einer engen körperlichen und geistigen Beziehung vereint.

Dessen ungeachtet hat die Philosophie dem Zuhause bislang nur wenig Aufmerksamkeit geschenkt. Vom männlichen

Drang nach gesellschaftlicher Anerkennung und dem Streben nach Macht und Einfluss in der Stadt beseelt, hat sie jahrhunderte-, wenn nicht jahrtausendelang den häuslichen Raum vollkommen vergessen. Dabei ist sie mit ihm weit enger verbunden als mit jeder Stadt auf dieser Welt. Nach den ersten griechischen Abhandlungen über die *oikonomia*, die sich im konkreten Sinne des Wortes mit Haushaltsführung befassten und großen Einfluss hatten, verlor die Philosophie den häuslichen Raum aus dem Blick. Diese Vernachlässigung ist unverzeihlich, denn sie hat dazu beigetragen, das Zuhause zu einem Unrechtsraum zu machen, in dem Unterdrückung, Ungerechtigkeit und Ungleichheit zur unbewussten, sich selbst reproduzierenden Gewohnheit wurden. Die Ungleichheit zwischen den Geschlechtern etwa hat ihre Wurzeln im Zuhause, was perfiderweise auch noch als Rechtfertigung dieses Zustandes dient. Denn die Verhältnisse am heimischen Herd bildeten die Grundlage eines Eigentumsrechts, das zu einer von wirtschaftlicher Ungleichheit geprägten Gesellschaftsordnung führte. Und das moderne Zuhause hat die Situation auch deshalb noch weiter verschärft, weil sich in diesem bis auf wenige Ausnahmen nur für Menschen geeigneten Raum der Gegensatz zwischen Mensch und Nicht-Mensch, zwischen Stadt und Wald, zwischen »Zivilisation« und »Wildnis« auf radikale Weise manifestiert.

Indem sie das Zuhause vergessen hat, hat die Philosophie sich selbst vergessen. Dabei war diese vernachlässigte Sphäre die Brutstätte der meisten Ideen, die sich auf den Planeten und seine Geschichte ausgewirkt haben. In diesem Raum, der sogar in ein und derselben Stadt ganz unterschiedliche Formen annehmen kann, wird das Fleisch zum Wort.

Doch die Philosophie vernachlässigte das Zuhause nicht nur, sie ordnete es Stadt und Politik unter und verbaute sich damit selbst den Weg zum Glück. Sie überließ das Zuhause den Kräften von Genealogie und Eigentum, so dass es in sich zusammenschrumpfte, bis es nur noch den Anforderungen des menschlichen Körpers diente, während alles, was mit Glückseligkeit zu tun hat, aus seinen vier Wänden verbannt und hinaus in die Stadt verlagert wurde. Das Glück ist zum bloßen Schattenspiel verkommen, weil es aus dem zu eng gewordenen häuslichen Ambiente herausgelöst und zu einem politischen Faktum erhoben wurde, das sich nur im städtischen Raum entfalten kann. Gleichzeitig ist die moderne Stadt im Grunde nichts weiter als eine heterogene Ansammlung von Orten, Techniken und Einrichtungen, die gewissermaßen als Gegenentwurf zum Zuhause erschaffen wurde, um das Glück und die Freiheit zu beherbergen, für die dort kein Platz mehr war. In der Stadt konnten die Menschen mit Hilfe von Arbeit, Konsum, Bildung, Kultur oder einfachen Vergnügungen jenen unreflektierten Naturzustand überwinden, der sie daran hinderte, Dinge zu verändern, die von einer vermeintlichen »biologischen« Ordnung oder von angeblichen Grundbedürfnissen vorgeschrieben wurden. Jahrhundertelang lag die Welt, in der man zumindest theoretisch mit anderen gleichgestellt sein konnte, darum jenseits der eigenen Haustür. Ob nun in Schulen, Kinos, Theatern, Restaurants, Bars, Museen, Clubs, Geschäften, Parks, Straßen, Parlamenten, Kirchen, Synagogen oder Moscheen, erst jenseits der eigenen vier Wände wurde die Welt wirklich erfahrbar. Erst außer Haus war sie voller Gesichter, Gegenstände und Ideen, die zu groß und intensiv waren, um in der Begrenztheit von Wohnzimmern und Küchen Platz zu finden.

Von Platon über Hobbes und Rousseau bis hin zu Rawls war die moderne Stadt so etwas wie der große Taschenspielertrick der Philosophie. Sie war eine Art philosophisches Trompe-l'œil, ein Traum von Freiheit und kollektives Trugbild, das die Menschen von ihrem Zuhause ablenken und seine Bedeutung herunterspielen sollte, so als sei es nicht mehr als ein Schrank, in dem man etwas verstaut, um es getrost vergessen zu können.

Allerdings hat sich die Philosophie nicht allein schuldig gemacht, denn das Zuhause wurde auch von anderen Disziplinen systematisch vernachlässigt. Im Laufe der Zeit hat es sich in eine Art Maschine verwandelt, die alles aufsammeln muss, worüber wir nicht öffentlich sprechen können oder sollen. Jahrhundertelang war das Haus der »Rest«, was übrig bleibt, wenn die Show vorüber ist, der Bodensatz, den niemand mit uns teilen konnte oder wollte.

Anders als die Städte sind die Häuser, aus denen sie bestehen, in aller Regel keine öffentlichen Orte. Nur in sehr wenigen Fällen kann sich die Allgemeinheit ein Bild von den Bewohnern, der Einrichtung oder den Ereignissen machen, die darin stattgefunden haben. Und selbst wenn etwas darüber bekannt ist, wird dieses Wissen niemals in derselben Weise geteilt wie das Wissen über die Stadt. Das Zuhause bleibt in aller Regel anonym und erhält keinen Namen, der die Zeiten überdauert. Identifizierbar ist es nur über topografische Koordinaten, die Adresse oder ein Türschild, das schon per definitionem austauschbar sein muss. Ein Blick auf jede x-beliebige Stadt genügt, um zu erkennen, wie absurd das ist. Wie würden wir wohl über Städte denken, wenn sie nicht Venedig, Marseille, Peking oder Dakar hießen, sondern nur GPS-Koordinaten wären oder alle zehn Jahre umbenannt würden?

Es ist beinahe so, als wollte das Zuhause gar nicht in der Zeit erkannt werden und seine Geschichte am liebsten verbrennen, um unbelastet von Erinnerungen eine neue beginnen zu können. Als ob das Zuhause eine Maschine wäre, die es dem Leben ermöglichte, keine Spuren zu hinterlassen. Als ob sich die Zeit in ihm nicht in Form von Geschichte anhäufen könnte, sondern das Zuhause ein zyklisch wiedererwachendes Bewusstsein wäre, das sich an nichts erinnert, was vor seinem Schlaf geschehen ist.

In den vergangenen Jahrzehnten sind diese Marginalisierungsmechanismen jedoch teilweise durchbrochen worden. So dienen die von der Industrie erdachten Konsumprodukte vor allem der Ausstattung des häuslichen Ambientes. Die Erfindung des Fernsehens hat die psychische Grenze zwischen städtischem und häuslichem Leben aufgehoben und den öffentlichen Raum ein Stück weit ins Haus geholt. Und schließlich erschufen die sogenannten sozialen Medien einen mobilen öffentlichen Raum ohne geografische Verankerung, der weitgehend dem Bild unserer Wohnungen nachempfunden ist.

Dieses Vordringen der Stadt und ihrer Geister ins Zuhause hat unsere Lebensrhythmen und die Art unseres Wohnens radikal verändert, wenn auch noch nicht seine Strukturen. Im Bestreben, das Glück jenseits unseres Zuhauses zu finden, scheinen wir uns in den Träumen von Männern und Frauen zu verfangen, von denen wir längst nichts mehr wissen. Die Badezimmer, Küchen, Flure und Schlafzimmer, in denen wir wenigstens die Hälfte unseres Lebens verbringen, und die dieser Aufteilung innewohnende funktionale Typologie unseres Zuhauses sind die Projektion von unzähligen »Ichs«, die die Welt schon vor langer Zeit verlassen haben. Das macht das moderne Zuhause zu einer Art platonischen Höhle, einer moralischen Ruine aus der menschlichen Vergangenheit. Wenn wir die Welt wieder in einen Ort mit hohem gemeinschaftlichen Glückspotenzial verwandeln wollen, müssen wir diese Erfahrung auf ganz neue Weise formen und mit Inhalt füllen.

In der modernen Philosophie steht die Stadt im Mittelpunkt, aber die Zukunft des Planeten kann nur im häuslichen Ambiente liegen. Wir müssen uns dringend mit dem Zuhause auseinandersetzen, denn es ist an der Zeit, diesen Planeten endlich in unser wahres Zuhause zu verwandeln, oder besser gesagt unser Zuhause in einen wahren Planeten, einen Ort also, an dem alle willkommen sind. Wir verwenden gerade große Anstrengungen darauf, unsere Städte zu globalisieren, dabei sollten wir lieber unsere Wohnungen öffnen, um sie mit der Erde in Einklang zu bringen.

UMZÜGE

Sie standen überall herum und hatten das Wohnzimmer in ein Labyrinth aus Pappe, Klebeband und Qualen verwandelt. Ich habe Umzugskartons immer schon gehasst. Allein schon ihre Farbe treibt einem jede Freude aus. Ich bückte mich, um den ersten anzuheben, als unvermittelt eine Welle aus verworrenen Erinnerungen über mich hinwegschwappte. Wie oft hatte ich genau das schon getan? Ich hielt einen Moment inne und versuchte, mich an die Anzahl der Umzüge zu erinnern, die ich bereits hinter mir hatte. Ich kam auf 30.

Ich konnte einfach nicht weitermachen. Es war Juli, ich lebte seit drei Jahren in Paris und hatte kaum zwei Tage Zeit für den Umzug. 48 Stunden, um 80 Umzugskartons zu kaufen, mein aus Kleidung, Geschirr, Büchern, Fotos und Erinnerungen bestehendes Leben darin zu verpacken, einen Transporter zu mieten, ihn zu beladen, an der neuen Wohnung wieder zu entladen und mein Leben an diesem mir nahezu unbekannten Ort wieder aufzunehmen. Ich wollte mit meiner damaligen Partnerin zusammenziehen, mit der ich eine Tochter erwartete. Wir lebten übergangsweise in einer Wohnung im Süden der Stadt, die einem nach Berkeley gezogenen Freund gehörte. Von dort aus wollten wir in aller Ruhe nach »unserem Zuhause« suchen, einem Ort, an dem alles – von den Wänden über die Möbel und Einrichtungsgegenstände bis hin zu den Empfindungen – unseren gemeinsamen Vorstellungen entsprach. Umzüge sind das profane, alltägliche Pedant zum Jüngsten Gericht, in dem die Verdammten von den Auserwählten getrennt werden und eine Grenze zwischen Vergangenheit und Gegenwart gezogen wird, die zugleich die Grenze zwischen Schmerz und Glück ist. Umzüge sind Übergangs- und Verwandlungsrituale.

Wir wohnten vier Monate in diesem Übergangsdomizil und fanden erst einige Wochen vor dem Umzug eine Wohnung in den östlichen Vororten von Paris. Dort lebten Künstler, Designer und junge Paare. Die Räume hier waren größer und die Parks grüner, weshalb man nicht das Gefühl hatte, im Einzugsgebiet der Hauptstadt, sondern bereits in einem Dorf in der Provinz zu wohnen.

Wir blieben kaum ein Jahr in Montreuil, denn ich erhielt eine Einladung in die Vereinigten Staaten, und wir zogen nach New York. Dort lebten wir nun zu dritt neun Monate lang in einer kleinen Wohnung an der Upper West Side, nur einen Steinwurf von der Universität entfernt, an der ich arbeitete. Die Wohnung befand sich in einem von diesen typischen New Yorker Gebäuden mit einem Pförtner, der Tag und Nacht hinter einem großen Tresen saß und den Eingang bewachte. Hier machte meine Tochter Colette ihre ersten Schritte. Ich war nur mit wenigen Taschen angekommen, doch am Ende meines Aufenthalts hatten sich Dutzende Kartons mit Besitztümern angesammelt, die ich über den Atlantik verschicken musste. Mit anderen Worten, ein Großteil dieses New Yorker Lebensjahres reiste getrennt von mir.

Zurück in Europa zogen wir wieder in die Wohnung am Stadtrand von Paris. Aber auch diesmal blieb ich dort nicht lange, denn nur ein Jahr später verließ mich meine Partnerin. Also suchte ich mir eine andere Wohnung und verpackte Leben und Ängste erneut in Pappkartons.

Aber auch das war nicht von Dauer, denn über viele Jahre zog ich durchschnittlich einmal pro Jahr um und wechselte mit der Wohnung meistens auch die Stadt. Nicht selten befand sich mein neues Zuhause in einem anderen Land, Tausende Kilometer vom alten entfernt. Zu dieser Zeit bedeutete ein Umzug für mich, dass ich fast alles aufgeben musste, was ich hatte. Und beileibe nicht nur die Möbel.

Zum bislang letzten Mal bin ich vor anderthalb Jahren umgezogen. Die Wohnung liegt unweit der Kirche Saint Germain, in einem Gebäude aus dem 17. Jahrhundert, das sich von außen gesehen gefährlich nach innen zu neigen scheint. Anders als die aus derselben Zeit stammenden *Hôtels particuliers* hat es so gar nichts Herrschaftliches an sich und man sieht ihm sein Alter an. Die Flachreliefschilde, die die Hofwand neben dem Efeu zieren, haben sehr unter dem sauren Regen gelitten und sind stark verwittert. Im Hof liegt auch die halboffene Treppe, die zu meiner Wohnung führt. An den Wänden des Treppenhauses hat die Zeit ebenfalls ihre Spuren hinterlassen, doch niemand hat es je gewagt, sie zu beseitigen. In diesem Fall sind die Altersflecken nämlich ein Zeichen der Schönheit. Zum ersten Mal liebe ich den Ort, an dem ich lebe.

Dessen ungeachtet werde ich wahrscheinlich nicht sehr lange dort bleiben. Denn obwohl ich einen starken Widerwillen gegen Umzugskartons empfinde, von denen mittlerweile 150 im Keller auf ihren Einsatz warten, habe ich keine Angst davor, ein weiteres Mal umziehen zu müssen.

Im Laufe der Jahre habe ich über 30 Mal ein neues Zuhause betreten und schließlich wieder verlassen. Während ich das schreibe, wird mir klar, dass ich noch nie versucht habe, mir alle meine Wohnungen nebeneinander vorzustellen. Und das ist auch verständlich, denn dabei käme ein kleines Stadtviertel aus völlig unvereinbaren Welten heraus. Jedes Zuhause enthielte Gesichter, die ich kaum wiedererkennen würde und mit denen ich in meinem jetzigen Leben so gut wie nichts gemeinsam hätte.

30 Ansammlungen von Wänden, die das, was ich als meins betrachtete, aufnahmen, schützten und behüteten. Aber nicht im Sinne von Recht und Besitz, denn vieles von dem, was »mein« war, war nicht durch ein Eigentumsverhältnis an mich gebunden, das ich vor Gericht hätte geltend machen können. Es handelte sich nämlich nicht nur um materielle Dinge, es waren Erinnerungen, Empfindungen, Erfahrungen und vor allem die Leben anderer Menschen, die mir zwar nicht gehörten, aber trotzdem auch meine waren.

30 Zuhause sind vor allem 30 Orte unterschiedlicher Form und Größe, die an meiner Stelle »Ich« sagten. Aber keines von ihnen hat es geschafft, den richtigen Ton zu treffen, denn meine eigene Stimme habe ich in ihnen nicht wiedererkannt. Alle diese Wohnungen waren für ein paar Monate oder Jahre mein Zuhause, aber in keiner fühlte es sich so an, als sei ich dort auch wirklich zuhause. Ein Zuhause finden, es betreten und nicht mehr verlassen, ist eine Fähigkeit, die manche Menschen auf Anhieb beherrschen. Ich dagegen schien diesen Vorgang bis zum Sankt-Nimmerleinstag wiederholen zu müssen. Und doch waren es gerade diese Wiederholungen, die mich das Konzept des Zuhauses haben verstehen lassen. Denn es war meine ungewollte häusliche Promiskuität, die mich zwang,

alles zu untersuchen, was einen Ort zu einem Zuhause macht, und es mir ermöglichte, einen Katalog zu erstellen. Kaum eine der Eigenschaften eines Zuhauses hat jedoch etwas mit Architektur oder Design zu tun. Es stellt vielmehr eine moralische Realität schlechthin dar, ein psychisches und materielles Artefakt, das es uns ermöglicht, besser in der Welt zurechtzukommen, als unsere Natur es uns eigentlich erlaubt.

Deshalb ist eine Theorie des Zuhauses nicht nur die Voraussetzung, sondern auch die Erfüllung der Moraltheorie, eine Zusammenstellung von Wissen und Geschichten, die uns verstehen lässt, wie wir im Hier und Jetzt gemeinsam mit anderen glücklich sein können. Genau das ist ein Zuhause: der erste und niemals fertige Entwurf einer Überlappung unseres Glücks mit der Welt. Es ist der Ort, an dem die Moral bekennen muss, dass sie sich nicht nur mit Willen und Charakter, Gerechtigkeit und Glück, Taten und Tugenden befassen kann, sondern die Welt in ihrer schlichtesten, materiellen Dimension erfassen muss. Eine Theorie des Glücks und der Gerechtigkeit muss notwendigerweise eine Theorie der Verwandlung der Welt, der Dinge und der Materie sein.

Wir sind Lebewesen, die alles um sich herum manipulieren und verändern müssen, um glücklich zu sein. Es genügt uns nicht, die Welt zu kennen und das moralische Gesetz in uns zu befolgen. Wissenschaft und Gesetz reichen nicht aus. »Zuhause« ist nur der Name für diese Ansammlung von Anpassungstechniken, die uns helfen, auf dem Planeten zurechtzukommen, eine Raumfalte, in der Psyche und Materie, Seele und Welt für einen kurzen Moment eins werden.

Das ist mir erst durch meine Umzüge klar geworden. Es scheint offensichtlich, aber es ist tatsächlich der Einzug, der das Zuhause zum Zuhause macht. Und das aus einem ganz einfachen Grund: Die Wohnungen, die wir anschließend bewohnt und geliebt haben, waren uns zunächst fremd. Wir haben das Zuhause immer von außen betreten. So wie wir auch Fremde unseres eigenen Glücks sind, denn es wäre illusorisch, anzunehmen, dass es in uns ist. Wäre es so, müssten wir nicht leben, Erfahrungen machen, anderen Menschen begegnen und unser Leben mit ihrem verflechten, wir müssten nicht essen, uns die Knie aufschlagen und vergiften, indem wir den Dingen zu nahe kommen. Unser Glück ist nicht naturgegeben. Im Gegenteil, das Streben nach Glück bedeutet, an sich selbst zu arbeiten und das zu verfeinern, was wir »Kultur« nennen. Wir müssen nicht erst das Haus verlassen und die Stadt – die politische Sphäre – betreten, damit das Glück zu etwas Kulturellem und Künstlichem wird. Es ist die Ethik, also das Glück, das uns zu kulturellen Wesen macht und zu einem Leben verpflichtet, in dem wir uns selbst und die Welt verändern, um Vollkommenheit zu erlangen. Wir alle sind Fremde, und doch gelingt es uns immer wieder, ein Zuhause, mithin eine Form des Glücks zu erschaffen.

Der Einzug ist die Initialzündung, der Moment der Wahl. Wir glauben, dass Wohnungen und Häuser vor den Menschen existieren, die darin wohnen, und nur darauf warten, von uns geöffnet zu werden. Zu einem Zuhause werden die Wände und Dächer, Schränke, Betten, Tische und Kleidungsstücke jedoch erst nach einer langen, seltsamen Zeremonie, deren Regeln wir – wenn auch nur unbewusst – alle kennen. Jedes Zuhause entsteht durch einen Akt der Wahl. Denn wir wählen eine inhomogene Ansammlung von Gegenständen, Menschen und Wänden aus und machen sie zu einem privilegierten Ort, zu unserer Welt. In der Regel ist es nicht der Ort, an dem wir uns am längsten aufhalten, aber es ist der Ort, an den wir jeden Tag zurückkommen: der Ort der Rückkehr. Es ist eine willkürliche Wahl, denn es gibt nichts, was uns auf natürliche Weise mit einem Raum, einer Reihe von Gegenständen oder einer Gruppe von Lebewesen verbinden würde. Selbst wenn es sich um unseren Vater und unsre Mutter handelt, bedarf es eines enormen psychischen und materiellen Aufwandes und zahlloser Vorkehrungen, um bei ihnen zuhause zu sein.

Die Wahl ist allerdings nur der Anfang, denn es bedarf eines längeren Gewöhnungsprozesses. Aber auch das reicht noch nicht. Der Fremde, der wir bei Geburt waren, muss sich verändern und die Vielzahl unterschiedlicher Welten und Geschichten mühsam in seine Geschichte, seine Vergangenheit und vor allem in seine Zukunft verwandeln. Der Umzug verdeutlicht, dass ein Zuhause nichts ist, das bereits existiert, sondern etwas, das erst erschaffen werden muss. Das Zuhause ist ein nicht enden wollender Tanz, in dem sich Dinge und Menschen gegenseitig kultivieren. Im Zuhause bändigen wir uns selbst, um uns an die Welt anzupassen, in der wir leben, zähmen zugleich aber auch die Welt und verändern sie, bis sie unserer äußeren Gestalt und unserem Bild zum Verwechseln ähnlich sieht.

Wir Menschen können uns in etwas verwandeln, das fest in unsrer Umgebung verankert ist, und zugleich die Umgebung in etwas verwandeln, das untrennbar mit uns verbunden ist. Diese Fähigkeit ist vielleicht die eigentliche Kraft des menschlichen Lebens. Wir sind jedoch nicht allein in ihrem Besitz, denn alle Lebewesen haben sie, was sie womöglich zur grundlegendsten Kraft dessen macht, was wir »Leben« nennen. Es beginnt bereits mit dem ersten Atemzug, denn nach dem Mutterleib ist die Welt ein neues Zuhause, das wir uns allmählich aneignen müssen. Wir müssen uns zunächst körperlich daran gewöhnen, denn mit der Geburt verändert unser Körper seine Konsistenz.

Die antike Philosophieschule der Stoa bezeichnete diesen Prozess als *Oikeiosis*. Ein schönes Wort, das so viel wie »Zueignung« (im doppelten Sinne, sich etwas zu eigen machen und sich etwas aneignen), »Gewöhnung« (im doppelten Sinne, sich selbst ähnlich werden und sich etwas anderem ähnlich machen) oder »Kultivierung« bedeutet. Der erste Impuls des Lebenden, so schrieben die Stoiker, sei die Sorge um den eigenen Körper und das eigene Bewusstsein, bis daraus etwas Vertrautes wird.

Wir öffnen die Augen, beginnen zu atmen, bewegen uns und werden dadurch vertraut mit dem, was wir sind. Die Gewöhnung an uns selbst ist ein unaufhörlicher Prozess, in den wir im Laufe der Zeit immer mehr von der Welt mit einbeziehen. Das Zuhause ist im Grunde nur eine Erweiterung und Steigerungsform unseres ersten Atemzuges nach der Geburt, denn es soll Vertrautheit erzeugen, uns an unsere Umgebung anpassen und das, was wir berühren, an uns anpassen, bis es zu unserer zweiten Haut wird. Vertrautheit – auch die mit uns selbst – ist jedoch ein »Konstrukt«, denn sie ist nicht naturgegeben, sondern ein Kunstgriff. Ein widersinniger Kunstgriff zumal, denn sie neigt dazu, für eigenes Verschwinden zu sorgen.

Die Vertrautheit steht für die Unmöglichkeit, zwischen dem Natürlichen und dem Künstlichen zu unterscheiden. Sie ist das Schwindelgefühl, das uns erlaubt, in etwas, das wir schon seit

Jahren kennen, plötzlich etwas vollkommen Neues zu entdecken. Und von diesem Standpunkt aus betrachtet gibt es auch keinen Unterschied mehr zwischen Körper und Geist, denn Letzterer stellt nur das Bemühen der Körper dar, sich alle anderen Körper vertraut zu machen – bis zu dem Punkt, an dem sie, zumindest als Bilder und Empfindungen, in sich selbst eintreten. Vertrautheit ist die eigentliche Bezeichnung für das, was wir »Kenntnis« und »Aufmerksamkeit« nennen.

Durch die vielen Umzüge habe ich gelernt, die seelische und körperliche Aktivität zu verstehen, die wir als »Ich« bezeichnen. Wir haben das Subjekt auf eine immaterielle, in Sphären jenseits der Welt verbannte Entität reduziert, die wir mal »Seele« und mal »Psyche« oder »Geist« nennen.

Seit Jahrhunderten versuchen wir, das Verhältnis von Inkarnation und Präsenz in der Physiologie unseres Körpers zu begreifen. Nur ist das Ich keine Frage von Seele oder Körper. Es ist immer die Bewegung der Welt, der ganze Planet, der in jedem von uns »Ich« sagt. Das Ich ist ein Zuhause, das jedoch nicht mehr als privates und singuläres Faktum – eines einzelnen Subjekts oder Körpers – betrachtet wird, sondern als Wirbel, der eine Reihe von Subjekten und Objekten sowie einen Ort in der Welt durchläuft. Es ist die Schwelle, an der das Subjekt Realität wird und die Welt beginnt, ein einzigartiges und unverwechselbares Gesicht zu haben. Jedes Zuhause ist der tellurische Beweis dafür, dass wir, um »Ich« zu sagen, die Welt benötigen, den uns umgebenden Raum, die Dinge, die Menschen, die sich mit uns verschwören und mit denen wir uns verschwören. Und es zeigt, dass das Ich dieser Wirbel ist, in dem Körper und Geist für einen Moment versuchen, sich aneinander zu gewöhnen.

Bei jedem Umzug zeigt sich das Ich als das, was es ist, nämlich das Verzeichnis einer möglichen gemeinsamen Welt – ganz gleich, ob sie nun aus Gegenständen oder Gefühlen besteht. Deshalb ist das Umziehen manchmal auch so schwer, denn es zwingt uns, darüber nachzudenken, was wir alles benötigen, um »Ich« zu sagen. Es ist aber auch eine Gelegenheit, um einen Teil der Welt loszuwerden, der nicht mehr zu uns gehört. Doch der Welt insgesamt können wir uns damit nicht entledigen. Wir können Dinge, Menschen oder Empfindungen zurücklassen, werden aber niemals damit aufhören, andere zu bändigen und uns an sie zu gewöhnen. Selbst in Momenten des intensivsten Nomadentums werden wir wieder zu einem Zuhause. Leben bedeutet, sich auf einen Teil der Welt einzulassen, sich mit ihm zu umhüllen und ihm zu erlauben, in uns »Ich« zu sagen. Wir translozieren uns gewissermaßen, bauen uns an einem anderen Ort selbst wieder neu auf.

LIEBE

Manchmal musste man wie vor einem Postamt Schlange stehen, um sie zu besichtigen. In Paris wanden sich diese Warteschlangen wie Lindwürmer durch die großen Haussmann-Bauten. Sie reichten aus dem sechsten Stock bis in den Innenhof hinab und durchquerten den Haupteingang, um auf dem Bürgersteig in mehrere Enden auszufransen. Dutzende einander unbekannte Menschen warteten darauf, eine winzige Studentenwohnung ansehen zu dürfen, jeder mit allen möglichen Dokumenten bewaffnet, die der Vermieterin beweisen sollten, dass man selbst der ideale Kandidat für den Zuschlag war. Vorne angekommen wurde man ein Gefühl des Unbehagens und des Verrats nicht los, was das Überschreiten der Türschwelle für mich zu einem Akt der Entweihung machte. Denn bei diesen Besichtigungen war es einfach unmöglich, eine exklusive Beziehung zu dem zu entwickeln, was womöglich mein Zuhause werden würde.

Die Beziehung zu unserem Zuhause beginnt schon vor dem Einzug mit diesem Ritual, das je nach Zeit und finanziellen Möglichkeiten, aber auch gemäß der landesüblichen Sitten und Gebräuche variieren kann. Von allen Beziehungen, die man zu einem Zuhause haben kann, ist das vielleicht die hypnotischste. Sie wird oft mit einer ästhetischen Bewertung der Raumaufteilung, der Zimmergrößen, des Lichteinfalls und des

Parketts verwechselt. Tatsächlich ist diese Begegnung mit einem Zuhause jedoch stets der Versuch, das Versprechen auf ein gemeinsames Glück zu entschlüsseln, das von den Dingen, mit denen wir die Räume später vollstellen, ihren schwer zu deutenden Symptomen und Signalen eher verschleiert wird. Wenn wir scheinbar oberflächliche Details wie die Länge des Flurs, die Art der Heizkörper, die Form der Türgriffe oder die Machart der Fußleisten begutachten, versuchen wir im Grunde nur das, was man in Romanen als »Realitätseffekte« bezeichnet, in das Bild einzufügen, das wir von unserem zukünftigen Leben haben.

In diesen, nicht selten von Angst und Verlegenheit geprägten Momenten, bemerken wir plötzlich, dass wir unser künftiges Leben vorausahnen können. Wir erkennen, dass wir zu diesem Zuhause und zu uns selbst ein Verhältnis haben werden, das nicht von Wille oder Gesetz getragen wird, sondern eher der Beziehung entspricht, die wir zu dem Klima haben, in dem wir leben. Wir blicken auf dieses Zuhause, so wie wir morgens nach dem Aufwachen in den Himmel sehen, denn wir betrachten es als unser Himmelreich. In diesen wenigen Minuten schiebt die Moral alle Vorschriften, Bekenntnisse und frommen Absichten beiseite und verwandelt sich in eine höhere Form der Vorstellungskraft, die uns Zugang zu dem verschaffen kann, was wir waren und sein werden.

Für mich sind Wohnungsbesichtigungen schon deshalb schwierig, weil man dabei nicht umhinkommt, an die Leben derer zu denken, die diesen Ort einmal bewohnt und geprägt haben. Natürlich haben sich meine Bedürfnisse und Möglichkeiten im Laufe der Jahre geändert – in der Schlange etwa stehe ich bei Wohnungsbesichtigungen schon lange nicht mehr.

Meistens bin ich allein mit einem Makler in den Wohnungen, die nicht immer schon völlig leergeräumt sind, sondern oftmals noch Spuren der früheren Bewohner enthalten. Dabei sind es nicht Details, wie die Kommode aus dem 16. Jahrhundert, die dänische Lampe oder die seltsam geformte Tasse, die den moralischen Schock verursachen. Vielmehr ist es der Umstand, dass mich der Anblick dieser Dinge unvermittelt in das Leben anderer Menschen eintauchen lässt, ohne dass ich es von meinem eigenen abgrenzen könnte. Es ist beinahe so, als würde ich selbst zum Kaffeesatz, aus dem jemand anderes die Zukunft zu lesen versucht.

In einer der vier Wohnungen, die ich in Berlin bewohnte, entdeckte ich gleich nach meinem Einzug die Tagebücher eines Vormieters. Ich verbrachte drei Tage damit, sie zu lesen, und erlebte auf diese Weise ein Leben nach, das nicht das meine war. Diese Zeilen umgeben von Möbeln, Vorhängen und Bildern zu lesen, die schon dagewesen waren, als sie zu Papier gebracht wurden, machte mich zum Mitspieler in einem Szenario, an dem viele Hände mitgewirkt hatten, und ließen mich kurzzeitig ein Leben leben, das nicht mehr nur das meine war. Voller Unbehagen habe ich mich oft gefragt, wie mein Leben – oder die Überreste des Lebens, das ich zurückgelassen hatte – von denen gelebt wurden, die mir in meinen ehemaligen häuslichen Universen nachfolgten. Sich sein Leben als Zuhause vorzustellen bedeutet, es sich eng mit anderen verbunden vorzustellen. Und genau darin liegt für mich das Reizvolle und zugleich Abgründige einer jeden Wohnung.

Seit jeher ist das Zuhause für uns ein privater Raum, der uns von anderen trennt und zu Individuen macht. Und doch ist es zugleich eine materielle und psychische Methode, mit deren

Hilfe wir unser Leben und Schicksal mit dem anderer Menschen verweben. Und gerade weil dies die Hauptfunktion des Zuhauses ist, kann sie nicht baulicher, sondern muss zwangsläufig moralischer Art sein. Deshalb sind auch die Unzulänglichkeiten unseres Zuhauses niemals rein architektonischer oder ästhetischer, sondern in erster Linie ethischer Natur. Wenn uns ein Zuhause enttäuscht, dann deshalb, weil es das Versprechen auf gemeinsames Glück, das es uns bei unserer ersten Begegnung gegeben hat, nicht hält. Gleichzeitig haben wir die Fähigkeit verloren, uns das Zuhause vorzustellen, weil wir aufgehört haben, das Wissen und die Techniken zu generieren, die es zwei Leben ermöglichen, dasselbe Leben zu führen – also das, was wir seit Jahrhunderten »Liebe« nennen. Das Zuhause ist die räumliche Formel für gelebte Liebe, in allen ihren Erscheinungsformen. Es ist aber nicht nur der äußerliche Rahmen, sondern auch die objektive Atmosphäre und das Klima eines gemeinsamen Lebens aus Zeit, Stimmungen, Essen, Schlaf und Träumen, die uns mit einem anderen Menschen verbinden. Es ist unmöglich, das Zuhause zu denken und zu erschaffen, ohne die Liebe zu denken und zu erschaffen.

Allerdings ist auch das Gegenteil richtig. Ob es nun unser eigenes Zuhause ist oder das eines anderen, ein Hotelzimmer oder ein Häuschen auf dem Lande, die Liebe wird im Zuhause gelebt, gehegt und zelebriert. Sie ist das häusliche Geheimnis schlechthin. Deshalb müssen Städte sich die Liebe erst durch komplizierte Rituale und rechtliche Regelungen aneignen. Die Liebe braucht ein Zuhause, einen Ort, der einen Teil der Welt in sich aufsaugt und an unserer Stelle »Ich« sagt.

Daran ist jedoch nichts Natürliches oder Universelles. Vielmehr ist es das vielleicht hervorstechendste Merkmal dessen, was der Westen als »Moderne« bezeichnet. Es war der kanadische Philosoph Charles Taylor, der erkannte, dass die Moderne nicht nur das Produkt technologischer Entwicklungen, europäischer Eroberungen auf anderen Kontinenten oder des Wandels sozialer Ordnungen und der Veränderung von Regierungsformen ist. Vielmehr ist die Moderne in erster Linie ein revolutionäres moralisches, auf das Alltagsleben der Menschen ausgerichtetes Projekt, durch das so triviale Aspekte wie die Liebe und die Arbeit in den Fokus politischer, wirtschaftlicher, sozialer und materieller Bemühungen geraten. Wir sind nicht etwa deshalb modern, weil wir über besonders ausgefeilte technische Apparaturen verfügen, wann immer wir wollen jeden Winkel des Planeten bereisen können oder in überfüllten Städten leben. Wir sind modern, weil wir uns selbst durch die Arbeit definieren, der wir freiwillig Tag für Tag nachgehen, und durch die Menschen, die wir lieben, ohne dass uns jemand dazu zwingen würde. Wir sind nur dann modern, wenn wir daran glauben, dass unsere Freiheit und moralische Vollkommenheit an der Freiheit zu lieben und zu arbeiten gemessen wird. Diese Vorstellung ist beispiellos in der Geschichte menschlicher Kultur. Als Folge davon ist die Arbeit nicht nur zur Existenzgrundlage, sondern zum Dreh- und Angelpunkt einer jeden Stadt geworden. Das nun von Produktionszwängen befreite Zuhause dagegen hat sich in einen Tempel der Liebe verwandelt, einen Ort, an dem die symbiotische Beziehung zu einem oder mehreren anderen Menschen gelebt werden kann. Es ist kein Zufall, dass alle großen moralischen Revolutionen, die unserer Vorstellung von Fortschritt entsprechen, mit einer Verbesserung der Arbeitsbedingungen und einer größeren Freiheit der Liebe einhergingen. Doch während man sich in den Nationen, die sich diesem Modernisierungsprozess verschrieben haben, seit zweihundert Jahren über die Arbeit, ihre Würde, ihre Formen und ihre Voraussetzungen Gedanken macht, findet die Liebe in den öffentlichen und akademischen Debatten nach wie vor kaum Berücksichtigung. Zwar beschäftigen sich Teilbereiche der Soziologie und des Feminismus mit der Liebe und ihren Erscheinungsformen, doch insgesamt wird sie als wenig lohnendes Forschungsobjekt erachtet, das eher in Boulevardblätter gehört. Man stelle sich einmal vor, jemand würde es wagen, das Thema Arbeit in einer sogenannten »Frauenzeitschrift« zu behandeln. Die Liebe, so meint man, fällt eher ins Fachgebiet von Priestern, Katecheten und Psychoanalytikerinnen. Dieses Ungleichgewicht in der Betrachtung von Liebe und Arbeit ist der eigentliche Grund dafür, dass es uns einfach nicht gelingen will, das Projekt Moderne vollständig zu verwirklichen. Unsere Moderne war von Anfang an zur Unvollständigkeit verdammt, weil wir eine der beiden Säulen des täglichen Lebens, den Kern des moralischen Projekts, sträflich vernachlässigt haben. Und der Mangel an Überlegungen zur Liebe wiegt umso schwerer, da die Arbeit immer weniger in der Lage zu sein scheint, unsere Identität zu definieren – und schon gar nicht in wirtschaftlicher Hinsicht. Wir können nicht modern sein, weil wir noch immer nicht zu lieben gelernt haben.

Dieses kulturelle Tabu wurzelt im männlichen Chauvinismus unserer Zivilisation, in der das Wissen über Liebesbeziehungen, von den erotischen bis hin zu den platonischen Aspekten, traditionell nur von Frau zu Frau weitergegeben wurde. Und Frauen waren bekanntlich lange Zeit vom kulturellen, wissenschaftlichen und öffentlichen Leben ausgeschlossen –

und sind es teilweise bis heute. Die Folgen sind dramatisch, denn im Gegensatz zur Arbeit nehmen wir die Liebe nicht als etwas wahr, das einer wissenschaftlichen Untersuchung, eines Studiums oder gar einer speziellen Ausbildung bedarf. Sie ist ein unmittelbar mit Freizeit und Ablenkung verbundener Teil der menschlichen Existenz, was sie zu einem beliebten Gegenstand von Dramen und Komödien macht.

Während Eros also zu einer unbedeutenden Nebengottheit degradiert wurde, genießt Herakles allseits öffentliche Verehrung. Eine Gleichrangigkeit von Liebe und Arbeit scheint undenkbar, denn wie sollte das auch gehen, angesichts der Freiheit, die die Liebe braucht, und der Resultate, die die Arbeit fordert. Wie sollte ein erfülltes Leben in diesem Spannungsfeld möglich sein? Aber versuchen wir doch einfach mal, diese Rhetorik umzudrehen, die den öffentlichen Diskurs bestimmt, und übertragen die Forderung nach Aufopferung und Selbstverleugnung auf die Liebe und das Verlangen nach Leichtigkeit und Freiheit auf die Arbeit. Denn warum sollte nur die Arbeit mit Ernsthaftigkeit betrieben werden und warum sollte die Freiheit das alleinige Vorrecht der Liebe sein?

Eine berühmte, auf Stendhal zurückgehende und vor einigen Jahrzehnten von Francesco Alberoni aufgegriffene Aussage bringt es recht gut auf den Punkt: Man könnte meinen, die zeitgenössische Gesellschaft konzentriert sich ausschließlich auf das Verlieben, also die Begegnung und sich anbahnende Verschmelzung, während sie die tatsächliche und vor allem dauerhafte Beziehung vollkommen außer Acht lässt.

Der Umstand, dass sich der technologische Fortschritt mit Dating-Anwendungen wie Tinder, Bumble oder Grindr ebenfalls auf diese Phase konzentriert, ist ein weiterer Beleg dafür.

Wir müssen gar nicht über das Zuhause nachdenken, weil wir ohnehin nur lieben, um verliebt zu sein.

Die Virtuosität unserer urbanen Realität und die architektonischen Reflexionen über die Stadt haben mittlerweile ein Niveau erreicht, das an Komplexität kaum noch zu übertreffen ist. Die Überlegungen über das Zuhause und den Wohnungsbau dagegen hinken im Vergleich dazu so weit hinterher, dass die meisten Architekten immer noch glauben, beim Bau eines Hauses oder einer Wohnung ginge es lediglich um die optimale Anordnung von Raumeinheiten, denen innerhalb der menschlichen Lebenswelt jeweils eine bestimmte Funktion zukommt: Das Schlafzimmer dient dem Schlafen, das Wohnzimmer der Erholung, das Esszimmer der Nahrungsaufnahme und so weiter. Die zukunftsweisende Vorstellungskraft, mit der wir seit Jahrhunderten unsere Städte gestalten, hat niemals die Wohnbauten tangiert. Die moralischen Möglichkeiten des heutigen Zuhauses sind eher geringer geworden, weil wir glauben, unser Leben der kruden euklidischen Geometrie unterwerfen zu müssen, die aus unerfindlichen Gründen als Schlüssel zu einem erfolgreichen und glücklichen Leben gilt. Wenn wir in ein heutiges Zuhause eintreten, begegnen wir deshalb nicht einer befreienden affektiven und moralischen Modernität, sondern sehen uns stattdessen mit der Rohheit unserer Moralvorstellungen konfrontiert.

Dass es so schwer ist, über die Liebe – und damit über das Zuhause – nachzudenken, liegt allerdings nicht nur an der Zerbrechlichkeit und moralischen Blindheit unserer Kultur. Vielmehr ist die Liebe schon aufgrund ihrer Beschaffenheit das schwarze Loch aller moralischen Überlegungen. Denn sie ist der ethische Raum, in dem sich das Leben nicht auf Vorschriften, Gesetze oder Gewissheiten stützen kann. Der Grund dafür ist jedoch nicht ihr vermeintlich anarchisches Wesen, denn in Wahrheit gibt es nichts Strukturierteres als die Erfahrung der Liebe.

Aber es ist eine besondere Struktur. In der Antike bezeichnete man moralische Kategorien wie diese üblicherweise als »Mysterien«, als Bereiche der Existenz also, in denen man sich nicht auf Wissen oder Gesetzmäßigkeiten verlassen kann, sondern in die man eingeweiht werden muss.

»Mysterium« meint in diesem Zusammenhang nicht etwas Unbekanntes. Schließlich existieren unzählige Realitäten, die sich unserer Kenntnis entziehen, ohne deshalb gleich ein Mysterium zu sein. Die meisten Gesichter, denen wir auf den Straßen der Städte begegnen, sind uns unbekannt, und doch ist kaum eines von ihnen ein Mysterium für uns. Nicht einmal die abertausend Bücher einer Bibliothek haben diese Qualität. Das Mysterium bezeichnet weit mehr als nur den Mangel an Wissen über eine Sache, denn es ist etwas, das sich dem Erkennen und vor allem unserem Begehren entzieht. Deshalb kann nur der Eingeweihte Zugang zum Mysterium erlangen, denn es bedarf einer dritten Person, um uns diese Realität erleben zu lassen. Das Mysterium ist das Leben, das nur durch das Leben anderer zugänglich wird. Genau deshalb ist es letztlich nicht zu erkennen, und genau deshalb wird sich das Begehren niemals von der Angst befreien können. Denn das Wissen, mit dessen Hilfe man üblicherweise die Angst überwindet, ist in diesem Fall unerreichbar. Die Liebe ist die transzendente Form dieser Erfahrung.

Das Zuhause sollte die Struktur sein, die es einem Leben erlaubt, durch das andere zu leben. Es darf nicht nur eine Hülle aus Glas, Stahl und Beton sein, die uns vom Rest der Welt separiert, und auch keine Auslage mit variabler Geometrie, in der wir uns selbst, unser Ich, vor uns selbst zur Schau stellen können. Stattdessen sollte das Zuhause eine wechselseitige psychisch-materielle Initiationsübung verschiedener Leben sein, die dem Mysterium eine weltliche, profane Struktur verleiht.

BADEZIMMER

Es war Ende des letzten Jahrtausends. Auch wenn er zutrifft, einen solchen Satz über sein eigenes Leben zu schreiben, fühlt sich schon etwas seltsam an. Jedenfalls war ich gerade nach Berlin gezogen und lebte nun zum ersten Mal in einer Großstadt. Es war eiskalt, aber alles strahlte. Die Stadt durchlebte gerade eine Art Interregnum, eine aufregende Phase des Durcheinanders, in der alles möglich schien. Der Fall der Mauer hatte das sozialistische Regime hinweggefegt und Berlin zur Hauptstadt des wiedervereinigten Deutschlands gemacht. Das Parlament war allerdings noch nicht da, und damit auch nicht die Behörden und Verwaltungsapparate, jenes unvermeidliche Beiwerk jeder Volksvertretung, das Metropolen ihrer wahren Natur beraubt, um sie in einen überwachten und geordneten Lebensraum zu verwandeln. Doch zu dieser Zeit verströmten Straßen, Plätze und Häuser noch einen intensiven, wenn auch flüchtigen Zauber. Hier lebte man anders als anderswo, und es schien vorstellbar, dass sich das Leben in ganz Europa verändern könnte.

In Berlin konnte ich mir eine 60-Quadratmeter-Wohnung für dieselbe Summe leisten, die mich ein Schlafplatz in irgendeiner kleinen italienischen Universitätsstadt gekostet hätte. Man kleidete sich auch anders, denn Ende der Neunzigerjahre war Berlin unwissentlich das Laboratorium für den späteren

New Yorker Hipster-Stil. Das Essensangebot war vielfältig, obwohl die Qualität der Speisen oftmals zu wünschen übrig ließ. Auch Ausstattung, Stil und Grundriss der Häuser waren sehr unterschiedlich. Das auffälligste Merkmal vieler Ostberliner Wohnungen war das Fehlen eines Badezimmers. Wie im späten 19. Jahrhundert lag die Toilette außerhalb der Wohnung auf dem Treppenabsatz. Dafür gab es nicht nur wirtschaftliche Gründe. Vielmehr schrieb die Baupolizeiverordnung der Stadt vom 15. Januar 1887 vor, dass Bäder zwecks ausreichender Belüftung und Beleuchtung ein Außenfenster aufweisen mussten. Das ließen Größe und Zuschnitt der Wohnungen in den großen Mietskasernen jedoch oftmals nicht zu. Der Treppenabsatz war deshalb die naheliegende Lösung.

In aller Regel handelte es sich um winzige Räume – nicht unähnlich den Aborten, die ich später in Paris kennenlernen sollte, wo sie allerdings nicht über Fenster oder eine Belüftung verfügten. In den Berliner Toiletten gab es absolut nichts, das einen von der Verrichtung abgelenkt hätte, für die sie konzipiert worden waren. Dieser Minimalismus war jedoch kein Symptom einer frühen, unfreiwilligen Anpassung an das funktionalistische Konzept der architektonischen Moderne. Weil die Räume unbeheizt waren und die Temperaturen in der Stadt im Winter bis auf 15 Grad unter null sinken, hielt sich dort ohnehin niemand länger als unbedingt nötig auf – es sei denn, man war Masochist oder wollte sich ganz bewusst gegen die Kälte abhärten. Im 19. Jahrhundert benutzte man in den Wohnungen stehende Toilettenstühle, um dieses Problem zu umschiffen. Jedenfalls kam der nächtliche Toilettengang in Berlin noch in den Wintern des ausgehenden 20. Jahrhunderts einer Arktis-Expedition gleich. Ich zog mir mehrere Pullover und dicke Cordhosen über, wenn ich tatsächlich einmal gezwungen war, die Eiswüste zu durchqueren, die sich jenseits meiner Wohnungstür erstreckte.

Diese räumliche Auslagerung war jedoch nicht der in Paris absolut üblichen Trennung des Raums für körperliche Erleichterung (*salle de toilette*) von dem für die körperliche Reinigung (*salle de bain*) geschuldet. Denn in diesen Berliner Wohnungen gab es schlicht keine der Körperpflege dienenden Räume. Die erste Modernisierungswelle nach dem Ende des Sozialismus führte auch nicht zum vollständigen Umbau der Wohnungen, denn die Toiletten wurden auf den Treppenabsätzen belassen. Dem Komfortbedürfnis der Bevölkerung wurde nur insofern Rechnung getragen, als man Duschen in die einzigen Räume einbaute, die bereits die dafür notwendigen technischen Voraussetzungen besaßen, nämlich die Küchen.

Auch ich hatte eine solche Nasszelle. Die Plexiglaskabine stand neben Spüle, Backofen, Spülmaschine und den Regalen, in denen ich Pasta, Gewürze und Olivenöl aufbewahrte, als sei sie nur ein weiteres Küchenutensil, das jedoch nicht gastronomischen Verrichtungen, sondern meiner Körperhygiene diente. Es war nur ein winziges Detail, das jedoch ausreichte, um die ganze Wohnung in einen surrealen Traum zu verwandeln. Verhaltensweisen, die eigentlich der isolierten Welt des Badezimmers vorbehalten waren, führten in der Küche dazu, dass ich meinen Körper auf gefährliche Weise den Blicken meiner Freunde darbot. Mehr noch, die Küche, dieser normalerweise vom Geschmack und den Gerüchen anderer Lebewesen erfüllte Garten der Metamorphose, war zugleich ein Hort der Körperreinigung und der damit einhergehenden Düfte. Dem Versuch, hygienische und gastronomische Erfordernisse miteinander in Einklang zu bringen, haftet an sich schon etwas Brisantes an. So wollte Buñuel die bürgerlichen Moralvorstellungen in *Das Gespenst der Freiheit* ad absurdum führen, als er die Rollen von Bad und Küche vertauschte, indem er den Akt des Stuhlgangs zu etwas Öffentlichem und den Vorgang des Essens zu einer rein privaten Angelegenheit machte, die in einer kleinen isolierten Kammer stattfinden sollte. Allerdings war er nicht so weit gegangen, das Geschehen auf handlungsräumlicher Ebene zu verbinden.

Auch wenn es nicht immer angenehm war, hat mich diese Erfahrung doch verstehen lassen, was die Räume eines Hauses eigentlich sind. Bad und Küche waren für mich nicht länger nur zwei getrennte Rechtecke in den Grundrissen der Wohnungen, in denen ich gelebt hatte. Sie waren Imaginationen, zwei unterschiedliche, nur schwer miteinander vereinbare moralische Universen. Ihre räumliche und formale Vermischung veränderte nicht nur meine Gewohnheiten, sondern auch das Denken und Fühlen innerhalb meines Zuhauses. Diese Chimäre *Küchenbad* verursachte einen emotionalen und mentalen Kurzschluss, der mir klarmachte, dass der Entwurf eines Hauses seine Bewohner einer präzisen psychischen Planimetrie unterwirft, denn er zwängt ihre Gefühle und Erfahrungen in ein organisatorisches Korsett. Und das Badezimmer, das wir üblicherweise mit den eher materiellen Funktionen unseres täglichen Lebens assoziieren, ist zugleich das Herz der häuslichen Psychagogik.

Wir kommen aus einer Bautradition, die bestrebt ist, den Wohnraum dem menschlichen Körper im streng anatomischen Sinne anzupassen, und die technische Hilfsmittel seit jeher als Erweiterung des menschlichen Körpers und seiner

Organe betrachtet. Es war der deutsche Philosoph Ernst Kapp, der diesen Gedanken im 1877 veröffentlichten Werk *Grundlinien der Philosophie der Technik* erstmals explizit formulierte. Darin versucht Knapp nachzuweisen, dass »der Mensch unbewusst Form, Funktionsbeziehung und Normalverhältnis seiner leiblichen Gliederung auf die Werke seiner Hand überträgt und dass er dieser ihrer analogen Beziehungen zu ihm selbst erst hinterher sich bewusst wird«. Es ist diese Projektion, diese »Erweiterung des Selbst nach außen«, die es ihm ermöglicht, »die Natur verstehbar zu machen und sich ihrer zu bedienen«, aber auch »sein eigenes Wesen zu erklären«. Mit anderen Worten, erst technische Manipulationen ermöglichen es dem Menschen, die Welt zu verstehen, in der er sich bewegt. Diese Organprojektion ist somit die Möglichkeitsbedingung jeder menschlichen Tätigkeit. Es ist beinahe so, als müssten wir die Welt nach unserem eigenen anatomischen Abbild umgestalten, um sie bewohnen zu können.

Dieselbe intuitive Herangehensweise hat moderne Architekten dazu veranlasst, der Architektur wieder ein menschliches Maß geben zu wollen und die Form und das Erscheinungsbild von Wohnräumen auf die anatomische Beschaffenheit der Körper zuzuschneiden, die sie bewohnen. Das radikalste Beispiel für diesen Ansatz ist Le Corbusiers *Modulor*, ein mathematisch-geometrisches Modell, das ihm als konzeptionelle Vorlage für den Bau seiner Wohneinheiten diente. Der Modulor – ein Wort, das sich aus den Begriffen »Modul« und »Or« für den »Goldenen Schnitt« zusammensetzt und so viel wie Proportionsschema meint – greift das Renaissance-Schema des vitruvianischen Menschen auf und modifiziert es zugleich. Der Modulor zeigt einen Menschen mit erhobenem

Arm, der die Dimensionen und Proportionen des menschlichen Körpers veranschaulicht und sie auf den Außenraum überträgt. »Ein Haus ist eine Maschine zum Wohnen«, schrieb Le Corbusier: »Bäder, Sonne, warmes und kaltes Wasser, Temperatur nach belieben. Aufbewahrung der Speisen, Hygiene, Schönheit durch Proportion.« Nur wenn man das Prinzip der organischen Übertragung beherzigt, kann man ein Haus auf dieselbe Weise entwerfen wie einen Kugelschreiber, einen Bleistift, ein Telefon, einen Rasierapparat, eine Limousine, einen Dampfer, ein Flugzeug oder einen »Sessel«, der »eine Maschine zum Sitzen« ist. Denn deren Form ist dem Aufbau des Körpers angepasst, der sie benutzen soll. Le Corbusier zufolge hat sich Architektur immer schon an der menschlichen Anatomie orientiert.

»Der Parthenon, die indischen Tempel, die gotischen Kathedralen wurden nach genauen Maßen erbaut, die einen Kodex, ein zusammenhängendes System bildeten, ja sogar eine wesentliche Einheit bewiesen«, nämlich die des menschlichen Körpers, schrieb Le Corbusier weiter. Der Beweis dafür sei die Tatsache, dass die Maßeinheiten nach menschlichen Körperteilen wie Elle, Finger, Daumen, Fuß, Spanne oder Schritt benannt wurden, was die Welt zu einer Erweiterung unseres Körpers mache. Denn »die Maße waren wesentliche Teile des menschlichen Körpers und daher von vornherein geeignet, als Maßhilfsmittel für die zu erbauenden Hütten, Häuser und Tempel zu dienen«. Die Verwendbarkeit der Maße hing von ihrer Vereinbarkeit mit dem Körper ab, der diese Räume nutzen sollte. Sie waren Werkzeuge, »unendlich reich und scharf, weil sie teilhatten an der Mathematik, die den menschlichen Körper bestimmt – einer anmutigen, eleganten und sicheren Mathematik, der Quelle der uns ergreifenden Eigenschaft der Harmonie: der Schönheit«. Die Gründe dafür sind physiologischer Natur: »Der Mensch nimmt den Raum in Besitz, um ihn nach seinen Bedürfnissen zu formen«, und »er nimmt ihn mittels seiner Gliedmaßen ein, seiner Beine, seines Rumpfes, seiner ausgestreckten oder erhobenen Arme. Er beugt sich auf Höhe des Solarplexus und verlässt sich auf seine Bewegungen.« Dieser »seltsam einfache« Vorgang ist der Tatsache geschuldet, dass »es keinen anderen Rahmen für unser Verhalten, unsere Inbesitznahme des Raumes gibt«: »Eine Maschine, ein Möbelstück oder eine Zeitung sind Erweiterungen menschlicher Gesten.«

Doch gerade deshalb sollten wir uns eines bewusst machen: Wenn wir eine Geste erweitern oder ihre Form modifizieren, verändern wir damit zugleich auch ihren psychologischen Hintergrund. Ein Haus ist eine psychische Skulptur, denn es verleiht der Verräumlichung unserer Seele und den Bewegungen unseres Körpers Struktur und damit auch unseren Gewohnheiten und Gefühlen. Jeder Bestandteil des Hauses ist eine Maschine, die unsere Seele sehr viel nachhaltiger beeinflusst als unseren Körper. Das Haus erzieht unsere Empfindungen und Vorstellungen nach genauen Vorgaben, denen wir in der Regel jedoch kaum Beachtung schenken. Der vielleicht eindrücklichste Beleg dafür ist das Badezimmer.

Die Räume einer Wohnung gleichen alten Liebenden. Im Laufe der Jahre überlagern sich die Gewohnheiten, Ansichten und Freuden der Liebenden so sehr, dass der eine in die Haut der anderen zu schlüpfen scheint, während das Zusammenleben gleichzeitig von zunehmender Gleichgültigkeit geprägt ist. Auf dieselbe Weise können auch die Räume eines seit Langem bewohnten Hauses miteinander verschmelzen und einer im anderen widerhallen, bis nur noch ein gleichmäßiges Hintergrundrauschen zu vernehmen ist. Trotz der Wände und Türen, der vollkommen unterschiedlichen Einrichtungen und Funktionen, scheint ein Raum nur mehr eine Abwandlung des anderen zu sein.

Es gibt jedoch einen Raum, der sich dieser allgemeinen Tendenz zur atmosphärischen Vereinheitlichung hartnäckig widersetzt: das Badezimmer. In jedem Zuhause ist dieser Raum die Verkörperung eines nicht verhandelbaren Unterschieds oder besser gesagt, eines starken Verlangens nach Distanziertheit. Das Badezimmer ist architektonischer Ausdruck eines unerträglichen häuslichen Dandytums, eine Welt für sich, die sich nicht nur einer Vermischung mit anderen Hauswelten, sondern auch der Vorstellung verweigert, die Verrichtungen, für die es geschaffen wurde, könnten sich auch außerhalb seiner vier Wände abspielen. Doch vollzieht sich hier weit mehr als nur physische Abschottung durch planerische Separation. Tatsächlich war dieser für uns heute so selbstverständliche Bestandteil der Hausidee der letzte Raum, der ihr hinzugefügt wurde, und zwar nach dem Vorbild der amerikanischen Hotels vom Anfang des letzten Jahrhunderts. Durch das Badezimmer wurde etwas in die tägliche Privatsphäre des Einzelnen verlagert, das bis dahin einen eher gemeinschaftlichen Charakter hatte, nämlich die Reinigung und Pflege des Körpers.

Was das Badezimmer leisten muss, ist nicht weniger als eine radikale Umgestaltung des hydrogeologischen Gleichgewichts, was auf so engem Raum eine gleichermaßen radikale Mechanisierung erfordert. Deshalb ist das Badezimmer neben der Küche der technisch anspruchsvollste und somit modernste Raum einer Wohnung. Aufgrund der speziellen physikalischen und chemischen Anforderungen des Badezimmers zirkulieren dort Substanzen, die im Rest des Hauses nicht zu finden sind. Ein Zuhause besteht in erster Linie aus Luft und Steinen. Das Badezimmer hingegen ist per definitionem ein von Flüssigkeiten beherrschter Ort, an dem belebende und regenerierende Substanzen fließen und gesundheitsschädliche beseitigt werden.

Nicht zuletzt deshalb haben Bäder auch in der Regel eine ganz eigene ästhetische Identität. Die verwendeten Farben, Materialien und Muster finden sich meist nur hier und müssen stilistisch nicht auf die übrigen Räume abgestimmt sein.

Dieses Beharren auf dem äußerlichen Unterschied hängt auch mit der klar definierten Funktion des Badezimmers zusammen, die nur wenig Spielraum für anderes lässt. Die übrigen Räume des Zuhauses sind im Hinblick auf Form und Zweck weitaus variabler. Die Küche oder das Schlafzimmer etwa können auch mal als Arbeitszimmer dienen und der Flur als Kinderspielplatz. Das Funktionsspektrum des Badezimmers dagegen ist körperlich und geistig genau festgelegt und duldet keinerlei Abweichungen. Umgekehrt hat es – wie gesehen – einen reichlich surrealen Effekt, sobald auch nur ein Teil dieser Funktionen aus dem Bad verbannt und in andere Räumlichkeiten verlagert wird.

Das Badezimmer steht für eine Form der Trennung, die jede Verbindung unmöglich macht. So wie jedes Zuhause eine eigene, in sich geschlossene Welt bildet, ist das Badezimmer ein Zuhause im Zuhause. Es ist das Private des Privaten, der im wahrsten Sinne des Wortes abgeschlossene Raum, ein schützender Kokon, in dem man sich sicher fühlt und es auch sein will. Das Badezimmer kann und will sich weder räumlich noch ästhetisch an den Rest des Zuhauses angleichen, denn überall auf der Welt dient es als eine Art Moralwächter. Dessen Aufgabe besteht darin, bestimmte Erfahrungen und körperliche Verrichtungen herauszufiltern, die in den anderen Teilen des Hauses vermeintlich nichts zu suchen haben. Jedes Zuhause ist eine Destille, mit deren Hilfe wir unser Privatleben filtrieren und den Zugang regeln, den andere dazu haben. Das Badezimmer ist eine Destille innerhalb der Destille, die aus dem Privaten das noch Privatere herausfiltert, die intimsten Bestandteile des Lebens, an denen niemand teilhaben soll. Nicht zufällig ist es der einzige Raum, in dem man sich einschließen kann, und auch der einzige, in dem man Gefahr läuft, eingeschlossen zu werden. Es ist der Hüter eines nicht verhandelbaren moralischen Universums, der Schauplatz von Handlungen, die im übrigen Zuhause unmöglich sind. Diese körperliche und geistige Ghettoisierung hat jedoch einen Kollateralschaden zur Folge, dessen tragisches Opfer der Eros ist.

Das Badezimmer ist die pervertierte, aus Verlegenheits- und Schuldgefühlen gespeiste Schamhaftigkeit, die einsame Bühne, auf der wir das Geschlecht entdecken und die zerbrechliche Beziehung zu unserem Geschlechtsorgan entwickeln, eine Beziehung, die wir Tag für Tag neu erfinden müssen. Ich erinnere mich noch gut, wie ich begann, die Geheimnisse und Freuden des Eros zu erkunden. Und das tat ich zuhause im verschlossenen Badezimmer, damit nicht einmal mein Bruder mich dabei entdeckte, mit dem ich einen seltsamen Pakt des Schweigens geschlossen hatte. Und ich habe auch die Herrenumkleidekabinen nicht vergessen, jene kollektiven Badezimmer, in denen man sich als Jugendlicher bisweilen wie im Vorhof zur Hölle wähnte. Hier zeigen sich die wohl schlimmsten Folgen der psychischen Ghettoisierung des Eros in den Badezimmern. Sie separierten das Individuum oder die Gattung und zwangen das »Männliche« und die »Männer« dazu, sich in absoluter Isolation mit den Organen des Eros zu befassen. Das führte zu folgenreichen Missverständnissen über unseren Körper und darüber, wie wir ihn nutzen können, um uns selbst und anderen Freude zu bereiten.

Die Geschlechtsorgane sind vielleicht die seltsamsten Organe, über die wir verfügen, denn es sind die einzigen, die voraussetzen, die Anwesenheit und das Handeln anderer zu nutzen. Ob es nun darum geht, dass wir uns an ihnen erfreuen oder uns reproduzieren wollen, wir benötigen den Körper eines anderen Menschen. Wahre Freude kann nur eine andere Hand als die eigene bereiten, und nur ein anderer Körper kann uns Glückseligkeit und Erfüllung schenken. Das ist bei keinem anderen Organ der Fall. Sobald wir dem Säuglingsalter entwachsen sind, brauchen wir in aller Regel von keinem die Hilfe mehr, um Augen, Mund oder Nase, Hände oder Füße zu benutzen. Die Geschlechtsorgane dagegen versetzen uns in einen Zustand permanenter Minderzahl, wenn nicht gar der Behinderung. Es sind unvollkommene Organe, denn sie dienen nicht unserer individuellen Vervollkommnung, sondern sorgen mehr als jeder andere Bestandteil unserer Anatomie dafür, dass wir allein unvollständig, weniger definiert und weniger »wir selbst« sind. Das Badezimmer ist jedoch zur Bühne einer fiktionalen Einsamkeit geworden, die uns in unserer Verzweiflung vorgaukelt, die Geschlechtsorgane würden uns irgendeine Art von Identität verleihen.

Die Anatomie einer Spezies formt ihre Silhouette und fügt jeder neuen Funktion eine größere Autonomie und Bestimmtheit bei. Die Geschlechtsorgane haben die Aufgabe, die Konturen aufzulösen und uns unbestimmter zu machen. Es ist nicht nur eine morphologische, sondern vor allem eine kognitive Frage. Die Geschlechtsorgane sind – im wörtlichen Sinne – mystische Instrumente, denn Penis und Vagina sind Organe, in die wir erst durch die Körper anderer Menschen eingeweiht werden müssen, denn nur durch andere können wir sie wirklich kennen. Selbst wenn wir allein sind mit unseren Geschlechtsorganen, tun wir so, als wären wir es nicht und stellen uns die Anwesenheit anderer vor. Keines der übrigen Körperteile verlangt derartige gedankliche Verrenkungen von uns. Im Hinblick auf das Geschlechtsorgan sind wir also niemals allein und können es auch niemals sein. Deshalb definiert das Geschlechtsorgan auch keine Identität, sondern nur ein Geschlecht. Obwohl wir dieses Organ nur mittels anderer nutzen und kennen können, dient es uns zugleich dazu, den Körper anderer kennenzulernen und zu nutzen. So gesehen ist das Geschlechtsorgan das Gegenteil eines Wahrnehmungsorgans. Sex ist Geschlecht, denn er ist eine Möglichkeit, andere Körper zu erleben, zu erkennen und zu bewohnen und sich gleichzeitig von ihnen erkennen und manipulieren zu lassen. Aus diesem ambivalenten Status leiten sich alle schmerzlichen Paradoxien des Eros ab.

Das Geschlechtsorgan zwingt unserem Körper also ein Geschlecht auf und verurteilt uns damit zu einem geschlechtlichen, unbestimmbaren Leben, das nicht mehr uns gehört, sondern denjenigen, die es zu nutzen wissen, um sich und anderen Freude zu bereiten. Dadurch entzieht es unsere Existenz dem unmittelbaren Erkennen, an das wir dank unseres von Gehirn und Sinnen erzeugten Bewusstseins gewöhnt sind. Durch das Geschlecht verlieren wir sowohl in physiologischer als auch in kognitiver Hinsicht die Hoheit über unseren Körper. Denn das Geschlecht impliziert ein sexuelles Leben, das nur durch den Gebrauch, den andere davon machen, überhaupt erst erkennbar wird. Ob es uns nun gefällt oder nicht, wir sind der Notwendigkeit unterworfen, uns dem wechselseitigen Vergnügen mit anderen hinzugeben – ungeachtet aller Risiken und unerwarteten Entdeckungen, die das mit sich bringen kann. Sex und Geschlecht machen jede Form von Identität unmöglich und lassen jeden daraus abgeleiteten Anspruch lächerlich erscheinen. Es gibt keine Geschlechtsidentität, denn im Geschlecht, jedem Geschlecht, ist man wenigstens zu zweit, auch wenn diesem Zustand stets etwas Experimentelles und Vorübergehendes innewohnt. Es ist nicht das Geschlecht, das uns von anderen unterscheidet. Das kann es gar nicht, denn es macht uns zu einer moralischen Sphinx. So wie sich die Sphinx aus zwei verschiedenen Körpern zusammensetzt, vereint auch das Geschlecht zwei Körper in einer temporären Collage, die nur durch das Vergnügen und das Gute, das sie einander bereiten, miteinander verbunden sind. Das macht es zu einem reziproken Mysterium. Deshalb entzieht sich der Eros auch einer wissenschaftlichen Betrachtung, denn die Sphinx ist nun einmal von Rätseln umgeben. Die Geschlechtermoral ist stets ein kollektives Werk, das sich nicht auf Traditionen berufen kann, denn es wurzelt nicht in der Vergangenheit. Da ihr Gebrauch einem ständigen Wandel unterworfen ist, kann sich die Geschlechtermoral auch nicht an irgendwelche Vorgaben halten. Im Geschlecht werden immer nur Vorhersagen getroffen.

Seit fast zweihundert Jahren haben wir uns nun an den Gedanken gewöhnt, dass der Mensch in der Arbeit Universalität erlangt. Marx erklärte uns zu Gattungswesen, weil wir uns frei und bewusst auf das Leben der Art beziehen können. Doch noch bevor wir handeln und die Welt verändern, gestalten wir unser Glück, indem wir uns mit anderen zusammenschließen. Unser Geschlecht – ganz gleich, welches es sei – sorgt dafür, dass nicht wir selbst, sondern andere den Schlüssel zum Glück und Wohlbefinden unserer Körper haben. Penisse und Vaginas entfachen Begierden in uns, die sich nur jenseits des Ichs handhaben und befriedigen lassen.

Dieser Universalismus ist jedoch sehr viel flüchtiger und zerbrechlicher als der durch Arbeit entstehende. Allerdings ist die entfremdete Arbeit gar nicht das Hauptproblem, vielmehr sind es die Bäder, die diese Konstruktion so fragil machen. Das Badezimmer verkörpert das Eingeschlossensein schlechthin, eine fatale Logik, von der sich Geschlecht und Zuhause endlich befreien müssen. Denn das Badezimmer sollte kein Raum der Separation, sondern der Begegnung von Körpern sein. Ein Raum, den auch der nächste Bewohner eines Zuhauses öffnen und verstehen kann.

DINGE DES ZUHAUSES

Ich war in Freiburg im Breisgau und hatte gerade meine erste Stelle angetreten. Ich sollte an der Universität die Geschichte der antiken und mittelalterlichen Philosophie unterrichten, zu ähnlichen Themen forschen und den Ordinarius bei der Leitung des Lehrstuhls unterstützen. Als ich in der Stadt ankam, begab ich mich sofort auf Wohnungssuche. Es war das erste Mal, dass ich mir keine Gedanken über die Höhe der Miete machen musste, sondern einfach etwas wählen konnte, das mir gefiel. Ich entschied mich für einen Loft in einem erst wenige Jahre alten Gebäude. Im Vergleich zu meinen vorherigen Wohnungen hatte er geradezu riesige Ausmaße. Aber entschieden hatte ich mich für die Wohnung eigentlich nur wegen des roten Bullauges, das die Küchenzeile in eine Art Raumstation verwandelte.

Eigentümer der Wohnung war der Architekt, der das Gebäude entworfen hatte. Er schlug mir vor, den Mietvertrag noch am selben Tag abzuschließen. Also suchte ich ihn am frühen Nachmittag in seinem Büro auf und hatte wenige Minuten später die Wohnungsschlüssel in der Hand. Da das Schicksal jedoch immer für Ausgleich sorgt, endete meine Glückssträhne in diesem Moment, denn meine Kreditkarte gab ihren Geist auf. Ich hatte keine Ahnung, warum, verlor aber nicht den Mut. Schließlich hatte ich ein Dach über dem Kopf und genug Bargeld in der Tasche, um wenigstens eine Woche lang halbwegs über die Runden zu kommen. Schicke Restaurants konnte ich mir zwar nicht leisten, aber ich würde schon nicht verhungern.

Das Problem war nur, dass es sich um eine unmöblierte Wohnung handelte. Es gab kein Bett und keine Matratze, nicht einen Stuhl oder Teller, ganz zu schweigen von Essbesteck. Mit anderen Worten, es fehlte alles, was eine Wohnung oder ein Hotelzimmer erst bewohnbar macht. Ich hatte mir vorgestellt, in einer Raumstation zu leben, fand mich unversehens jedoch in der Leere des Weltraums wieder. Um mich einzurichten oder in ein Hotel zu gehen, reichte das Geld nicht. Und da ich in der Stadt noch niemanden kannte, lebte ich eine Woche lang in einer platonischen Raumidee anstatt in einem echten Zuhause.

Es war eine der wichtigsten Erfahrungen jener Zeit, denn damals wurde mir klar, dass der reine geometrische Raum an sich unbewohnbar ist. Ich hatte ein Zuhause, das mir die Ausübung der meisten alltäglichen Basishandlungen verwehrte. Ich konnte nicht schlafen, denn dafür war der Boden zu hart und zu kalt. Dazu braucht man Decken, Kissen, einen Pyjama und vor allem eine Matratze, also Dinge und keinen Raum. Es war auch unmöglich, in der Wohnung zu arbeiten, denn dazu hätte ich einen Tisch, einen Stuhl, einen Computer und eine Lampe gebraucht. Dinge. Auch Essen konnte ich dort nicht, denn es fehlte an Töpfen, Messern, Gabeln und Löffeln, denn mit bloßen Händen lassen sich Lebensmittel einfach nicht vernünftig handhaben. Überhaupt konnte ich mich nicht längere Zeit dort aufhalten, denn auf Dauer ist Leere unerträglich, ja abstoßend.

Tatsächlich ist die aus Boden, Wänden und Decke bestehende Form des Zuhauses per Definition unbewohnbar. Sie ist nur eine Abstraktion, denn sie beruht nicht auf der Realität der Gesten, Dinge und Empfindungen, die unser Leben ausmachen, sondern reduziert sie auf ein rein geometrisches Faktum. In moralischer Hinsicht existiert der Raum in Wahrheit gar nicht. Wir begegnen ihm nie. Wir leben in einer Welt, die immer von anderen Menschen, von Tieren, Pflanzen und den unterschiedlichsten Gegenständen bevölkert ist. Und diese Gegenstände sind keine Extensionen, sie gehen über den Raum hinaus, den sie einnehmen, denn sie öffnen ihn und machen ihn nutzbar. Erst Bett, Geschirr, Tisch, Computer und Kühlschrank machen den Raum zu einer realen Dimension. Ohne diese Gegenstände bleibt er imaginär und abstrakt, eine mentale Projektion, in der man nicht leben kann und die zu bewohnen buchstäblich unmöglich ist. In Wahrheit bewohnen wir nicht einen Raum, sondern Dinge. Es sind die Gegenstände, die unseren Körper und unsere Gesten aufnehmen, unsere Blicke anziehen, uns davor bewahren, mit der perfekten, geometrischen Oberfläche des Zuhauses zu kollidieren, und uns vor seiner Gewalt schützen. Das Gehäuse des Zuhauses ist technisch gesehen nichts weiter als eine leere mineralische Ödnis.

Diese Erfahrung hat mich gelehrt, dass der häusliche Raum nicht euklidisch ist. Die Bewegungen meines Körpers im Zuhause gehorchen nicht der Geometrie, die ich in der Schule gelernt habe. Die Dinge in unseren Wohnungen sind keine Extensionen, sie sind Verlockungen, die die häusliche Realität mit ihrem unwiderstehlichen Sirenengesang verbiegen und verführen und sie in ein permanent instabiles Kraftfeld verwandeln. Aus dem Netz subtiler Einflüsse, das es erzeugt, können wir uns nur befreien, wenn wir das Haus verlassen. Deshalb erschöpft es uns auch, wenn wir uns länger zuhause aufhalten als gewohnt. Denn zuhause sind wir den Kräften ausgesetzt, die die Dinge aufeinander und auf uns ausüben. Das Zuhausesein macht uns zu einer Art elektrischem Widerstand, einem Wolframfaden, durch den die Kraft der Dinge fließt, wenn wir sie ein- oder ausschalten.

Woher diese Kraft kommt, habe ich erst sehr viel später begriffen. Und es war meine Tochter, die es mir beibrachte. Tatsächlich kommt die Kraft aus uns. Die Dinge des Zuhauses erwachen bei unserer Ankunft zum Leben, weil sie in diesem Augenblick ein Teil von uns werden. Kleidung, Zettel, auf die wir beim Telefonieren etwas gekritzelt haben, ein Gemälde oder das Spielzeug unserer Kinder, all diese Dinge existieren, als wären sie Subjekte, nichtmenschliche Ichs, die uns anblicken und mit uns kommunizieren. Ihre Verwendung, ihre monate- oder jahrelange Einbeziehung in unsere Alltagsroutinen und ihre Berührung hinterlassen Spuren und übertragen einen Teil unserer Persönlichkeit auf sie. Zuhause werden alle Objekte zu Subjekten. Das ist überhaupt eine gute Definition: Das Zuhause ist der Raum, in dem alle Objekte als Subjekte existieren. Es ist das exakte Gegenteil von Sklaverei, denn das Zuhause ist der Ort, an dem die Dinge aufhören, Dinge zu sein. Es ist eine panpsychistische Maschine der universellen Anregung, ein Mechanismus, der offenbart, dass sich in allem ein Ich verbirgt, der Raum eines unabsichtlichen Animismus. Und oftmals sind wir uns dessen gar nicht bewusst.

Alle zwei Wochen lehrt mich meine Tochter, wie eine erfahrene Schamanin und Animismus-Lehrerin, die Türen meiner Wahrnehmung zu öffnen. Wenn sie bei mir ist, sind meine Tage mit Präsenzen angefüllt, die sich sehr von dem unterscheiden, was die Biologie als »Lebewesen« definiert. Colette teilt nicht nur ihre Zeit mit mir, sondern auch ihre Spiele, Vorlieben und kleinen Eigenheiten. Sie entführt mich in ihr Universum, in dem es nur so wimmelt von unterschiedlichsten Charakteren, deren Geschichten nicht immer leicht zu rekonstruieren sind. Die wichtigsten sind Ladybug, eine Teenagerin, die sich in ein Mädchen mit unglaublichen Kräften verwandelt (ihr Favorit), Akko, eine tollpatschige kleine Hexe, die die magischen Geheimnisse des Waldes von Arcturus lüften kann (mein Favorit), She-Ra, eine Kriegerprinzessin, die den Planeten Etheria befreit, und natürlich die Oktonauten, eine Bande neugieriger Meeresbewohner, die das Universum bereisen, um die seltsamsten Lebewesen zu retten.

Die meisten Präsenzen in ihrer Welt sind jedoch nur schwer zu fassen, denn ihre Existenz ist weitaus flüchtiger und fragiler. Wie alle Kinder in ihrem Alter – sie ist fünfeinhalb – ist meine Tochter eine große Animistin. Für sie besteht die Welt nicht aus Objekten, sondern aus unzähligen Subjekten, Seelen und Präsenzen, die in allen Regenbogenfarben schillern. Selbst in einem Papierfetzen, der nur vage an eine menschliche Gestalt erinnert, kann sie eine Form von Bewusstsein erkennen. Außerdem scheinen ihre Puppen und Stofftiere jede Woche andere Persönlichkeiten mit neuen Namen und Biografien zu beherbergen. Auch die genealogischen Verbindungen zu ihr selbst ändern sich regelmäßig. Und das alles erkennt sie sofort.

Eines Tages lud meine Tochter einen ihrer imaginären Freunde zum Abendessen ein. Für mich sind sie besonders schwer zu erkennen, denn es handelt sich um körperlose Seelen. Ich glaube, ich habe etwas unsouverän auf das angeregte Mädchengespräch der beiden reagiert, das mich, den Erwachsenen am Tisch, ausschloss. Ihre Erwiderung war absolut bemerkenswert, denn Colette regte sich nicht über mein Unverständnis auf, sondern klärte mich ganz ruhig darüber auf, wie sich die Dinge verhielten. »Du musst dir keine Sorgen machen, Papa«, sagte sie, »es ist ganz normal, dass du sie nicht siehst, denn sie sieht dich auch nicht.« In diesem Moment verlor ich jede Skepsis, und mein Verstand explodierte. Denn meine Tochter hatte mir gerade bewiesen, dass ihr von mir als »infantil« eingestuftes Verhalten so gar nichts Naives oder Primitives an sich hatte. Vielmehr handelte es sich bei ihrem Animismus um eine komplexe, subtile und vor allem reflektierte Form des Wissens. Wir sind es gewohnt, dass sich diese Sichtweise auf die Welt mit den Jahren verflüchtigt, wenn die Vernunft das Kommando über unser Leben übernimmt. Doch nichts ist sicher. Vor allem nicht heute.

Wenn meine Tochter in der Schule ist, verbringe ich meine Tage vor einem seltsamen Objekt aus Plastik, Metall und Silizium. Ich kommuniziere intensiv mit ihm, bisweilen stundenlang. Oftmals antwortet es mir sogar, und zwar überaus wortgewandt, wenn häufig auch gelangweilt, dafür aber in verschiedenen Sprachen. Im 19. Jahrhundert nannte man Experimente dieser Art noch »Spiritismus«, wir dagegen sprechen lieber ganz nüchtern von »Zoom-Sitzungen«. Wir wollen es nicht wahrhaben, aber Computer und Mobiltelefone sind Maschinen, die den Animismus zu einer gewöhnlichen, ja geradezu banalen Erfahrung machen. Während unserer WhatsApp-Anrufe oder Zoom-Sitzungen sehen wir keinen Computer und kein Telefon, sondern Seelen, Subjekte und Bewusstseine in einem biologischen Körper. Es wäre naiv zu behaupten, dass uns diese Maschinen in Wahrheit nur Zeichen oder Darstellungen liefern. Im Hinblick auf das, was sie darstellen, sind

Worte und Bilder autonom in Sein und Zeit. Die Präsenzen, die meinen Computer und mein Telefon heimsuchen, sind es nicht, denn es handelt sich um Bewusstseine. Die Technologie hat die Dinge mit Leben erfüllt. Und diese Art von Cyber-Animismus hat nichts Beunruhigendes an sich, sondern erweitert einfach nur die häusliche Lebensweise auf alle Gegenstände. Das macht Telefone und Computer auch dann zu häuslichen Gegenständen, wenn sie sich außerhalb unseres Zuhauses befinden. Denn in ihnen wird die Materie ebenso lebendig wie in unseren eigenen vier Wänden.

Seit Ende des 19. Jahrhunderts verwendet die Anthropologie den Begriff »Animismus« für die Denkweise von Kulturen, die bestimmten Objekten – in erster Linie Fetischen, also Götterfiguren – menschliche Eigenschaften wie Persönlichkeit, Bewusstsein und Handlungsfähigkeit zuschreiben. Unsere Kultur dagegen nimmt für sich in Anspruch, dass ihr diese Art des Denkens fremd ist. Wir leben im Glauben an die klare Trennung zwischen Dingen und Personen, zwischen Objekten und Subjekten. Dessen ungeachtet tolerieren wir animistische Beziehungen zu erstaunlich vielen Gegenständen. In einem vor 20 Jahren posthum erschienenen Buch vertrat der große englische Anthropologe Alfred Gell eine überraschend kontraintuitive These. Im Westen bezeichnen wir einen Bereich als »Kunst«, in dem wir den Dingen eine dem menschlichen Dasein nahezu analoge Existenz zubilligen. Man muss sich nur einmal vor Augen halten, was in unseren Museen vor sich geht: Millionen Besucher bestaunen stundenlang Materie – mit Pigmenten überzogenes Leinen, Holz, Bronze, Marmor, Blei – und sind überzeugt, die Gedanken, Einstellungen und Empfindungen einer Person erkennen zu können, der sie niemals begegnet sind und über die sie nicht das Geringste wissen. Oftmals stellen sie sogar subtile Spekulationen über die psychologischen Befindlichkeiten der Seelen an, die diese Objekte bewohnen. Anstatt nur Wesen einen Geist zuzugestehen, die ihnen anatomisch gleichen, verweigern sie sich dem gesunden Menschenverstand. Denn sie bestehen darauf, die Absichten und Ideen in einem Marmor- oder Bronzeobjekt zu erkennen, und erwarten zudem, dass diese zu ihnen sprechen. Museen sind nicht einfach Orte, an denen wir zu unserem Vergnügen und unserer Erbauung bewunderungswürdige Gegenstände sammeln. Tatsächlich sind sie Tempel eines unbewussten kollektiven animistischen Kultes, der es uns erlaubt, Dinge zu verehren, und uns erkennen lässt, dass auch unbelebte Materie eine der unseren vergleichbare Seele beherbergen kann.

Jedes Zuhause ist ein privates Heiligtum ebendieses Geheimkultes. Das Zuhause ist unser persönliches Museum. Dort können wir unsere Seele entdecken und sie außerhalb unseres Körpers betrachten, wie sie zirkuliert und in den Dingen atmet, die uns umgeben, selbst in den unbedeutenden und hässlichen. Sie lebt in der Kleidung und in der Waschmaschine, die ihr immer wieder neues Leben einhaucht. Sie lebt in den Stühlen und Betten, auf denen wir ruhen, in den Büchern und in den Universen, die sie enthalten, in den Bildern, die unsere Wände schmücken, in den Vorhängen, die uns vor der Sonne schützen, in den Teppichen, auf die wir so achtlos treten, und in der Kaffeemaschine, die jeden Morgen zu unserer Belebung beiträgt. Die Dinge des Zuhauses sind nur deshalb Erweiterungen unseres Körpers, weil sie vom selben Leben beseelt sind, das ihn belebt. Und jedes Ding enthält nicht nur einen Teil von uns, sondern wird auch zu einer früheren Version unseres

Selbst. Unser gestörtes Verhältnis zum Animismus führt jedoch dazu, dass wir diese Beziehung auf die etwas groben Begriffe des Privateigentums, des Dekors oder der Inneneinrichtung reduzieren. Tatsächlich verlassen wir jedoch das kartesische Universum des immateriellen Geistes und der unbelebten Materie, sobald wir unser Zuhause betreten. Ein Zuhause ist eine Raum-Zeit-Falte, in der auch noch der kleinste Materieklumpen »Ich« sagt. Umgekehrt sorgen Persönlichkeit, Emotionen, Erinnerungen und Bedeutung dafür, dass die Unterschiede zwischen Subjekt und Objekt verschwimmen. Wir müssen Häuser errichten, um Dinge zu beleben und sie mit etwas zu beseelen, das unser Körper weder leisten noch beherbergen kann. Genau das versuchen wir jedes Mal zu begreifen, wenn wir uns die Anwesenheit von Geistern oder Gespenstern vorstellen: Ein Zuhause ist das wohl offensichtlichste und beunruhigendste Symptom dafür, dass die Psyche überall leben und sich frei zwischen Menschen und Dingen hin und her bewegen kann.

SCHRÄNKE

Das erste Zuhause, in dem ich lebte, lag nah am Meer. Wenn ich an diese Zeit zurückdenke, habe ich sofort die drei riesigen Pinien vor Augen, die in einiger Entfernung vom Balkon des Zimmers wuchsen, das ich mir mit meinem Bruder teilte. Sie standen einfach da, zwischen mir und dem Horizont, so als habe es sie immer schon gegeben. Sie verdeckten mir die Sicht und filterten jede andere Wahrnehmung der Welt heraus, als seien sie Wächter und Führer zugleich. Drei Titanen, die für die Existenz des Kosmos verantwortlich sind, drei Dioskuren oder drei Grazien, dazu bestimmt, jeden meiner Schritte zu bewachen und meine Blicke zu begleiten. Sie verkörperten das Idealbild einer Pinie, jene Form also, der Félix Vallotton in seinem berühmten Gemälde *Letzte Sonnenstrahlen* (1911) ein Denkmal setzte und die auf jeder Postkarte der Mittelmeerküste zu sehen ist. Es ist die Form, die den Gärten und Landschaften in und um Rom den zeitlosen Anstrich von Orten verleiht, die uns Sterblichen entrückt sind. Ihre Stämme waren dünn und leicht gekrümmt, die Rinde rötlich und zerfurcht, die langen Äste wuchsen nur an der Spitze des Stammes und bildeten – wie bei allen ausgewachsenen Exemplaren der Art – eine große runde Krone, die an einen geöffneten Regenschirm erinnerte. Über viele Jahre standen diese drei filigranen, wie aus schillerndem Licht geformten Bäume in meinen Augen für Eleganz schlechthin.

Über meinem Zimmer lag unser Dachboden. Es war eine Art unbewohnte Zweitwohnung, genauso groß wie unsere, aber voller seltsamer Dinge. Dort gab es zum Beispiel ein riesiges Gemälde von Christus und den Aposteln, das mein Vater in seiner Jugend gemalt, aber niemals fertiggestellt hatte. Dazu eine riesige Gefriertruhe, ausrangierte Möbel, Spielzeug, das ich nicht verstand, Arbeitsgeräte und Unmengen abgelegter Kleidung. Es war ein düsterer Ort, und ich glaube, in einige Räume habe ich nie einen Fuß gesetzt. Ich mochte den Dachboden nie, musste aber gelegentlich hinaufgehen, um etwas aus der Tiefkühltruhe zu holen oder in sie hineinzulegen.

Es gab noch einen weiteren Faktor, der mich immer wieder zum Aufenthalt in dieser fensterlosen Welt nötigte: meine Schwester. Zu ihren Lieblingsbeschäftigungen gehörte nämlich über viele Jahre die Inszenierung von Tableaux vivants mit meinem Bruder und mir. Regelmäßig schnappte sie uns und verwandelte uns zwangsweise in animierte Puppen. Sie steckte uns in die abgelegte Kleidung, die dort oben aufbewahrt wurde, und machte uns zu Protagonisten ihrer ebenso grausamen wie unsinnigen Modenschauen. In diesen Stunden veränderte sich die Welt auf eine für mich nicht nachvollziehbare Weise. Ich erinnere mich noch gut, wie anstrengend es war, wenn ich mich immer wieder in neue Persönlichkeiten hineinversetzen musste. Und nach der Vorstellung war ich jedes Mal erstaunt, dass draußen in der Welt mittlerweile dieselbe Dunkelheit herrschte wie auf dem Dachboden. Allerdings habe ich auch nicht vergessen, wie aufregend es war, das Ich der schlafenden Kreaturen anzunehmen, die diesen obskuren Ort bewohnten, und sie auf diese Weise für eine Weile zum Leben zu erwecken.

Dachböden und Keller sind so etwas wie die Friedhöfe der Dinge des Zuhauses. Es sind die Orte, an denen sie auf ihre Wiederauferstehung warten, zu der es in aller Regel jedoch nicht kommt. Es sind Gefängniszellen, in denen fast alle verurteilten Gegenstände eine lebenslange Strafe verbüßen. Schränke wiederum sind innerhalb des häuslichen Weichbildes das genaue Gegenteil von Dachböden. Alles, was sich in ihnen befindet, wird regelmäßig hervorgeholt. Sie beherbergen jene beweglichen Bestandteile des Zuhauses, die speziell für den Umgang mit dem nichthäuslichen Raum geschaffen wurden: unsere Kleidung. Kleider sind wie Rettungsboote, die kein Wasser brauchen, oder Wohnwagen, die ohne Räder auskommen. Denn sie haften an unserem Körper und ermöglichen uns, in der Welt zu leben. Dank unserer Kleidung endet das Zuhause nicht dort, wo seine vier Wände stehen. Sie ist ein mobiler exterritorialer, im wahrsten Sinne des Wortes tragbarer Bestandteil des Zuhauses, der präzise jeder Bewegung unseres Körpers folgt. Dank unserer Kleidung verlassen wir das Zuhause im Grunde niemals wirklich, denn sie macht es zu unserer zweiten Haut und verwandelt das Zuhause in ein subtiles Vehikel, durch das wir die Welt filtern. Durch die Kleidung wird der private, unsichtbare Raum des Zuhauses zum bewegten öffentlichen Spektakel, zu einer individuellen Präsenz, die beständig ihr Erscheinungsbild verändert.

Deshalb dürfen Kleidung und Zuhause auch nicht getrennt voneinander betrachtet werden. Kleidung ist ein ins Schaufenster gestelltes Zuhause, das seinen Inhalt der Außenwelt präsentiert, und das Zuhause ist die Kleidung seiner Bewohner, ein Kleiderschrank ihrer Seelen, in dem alle denkbaren Wandlungen ihres Selbst verstaut sind. Wir betreten eine

Wohnung, wie wir in ein Kleidungsstück schlüpfen, und bewohnen unsere Häuser, wie wir in unseren Kleidern leben. Umgekehrt wirkt sich das Zuhause ähnlich wie Kleidung auf Körper und Seele aus. Im Zuhause werden die Dinge nicht nur zu Subjekten, sondern auch zu Prothesen unserer Subjektivität. Um zu verstehen, was ein Zuhause ist, müssen wir uns deshalb zunächst darüber klar werden, was Kleidung und Mode eigentlich ist. Wie kein anderer Gebrauchsgegenstand sind Kleidungsstücke speziell dazu konzipiert, es einer Person zu ermöglichen, auf eine bestimmte Art das Sein der eigenen Subjektivität darzustellen. Andererseits hält uns die Mode nicht davon ab, unsere Vorstellung von Häuslichkeit davon abweichend zu gestalten. Kleidung ist der materielle Ausdruck des Wohlbefindens in einem nichtgeometrischen Raum, der sich weder im Schlafzimmer noch im Badezimmer oder in der Küche verorten lässt. Vielmehr handelt es sich um eine Vorstellung von Glück, die untrennbar mit unserem Körper verbunden ist und ihn deshalb überallhin begleiten kann. Kleidung macht uns begreiflich, dass ein Zuhause immer über wenigstens zwei Körper verfügt: einen beweglichen und einen unbeweglichen, einen verformbaren und einen mineralischen, einen aus reiner Innerlichkeit und einen aus reiner Äußerlichkeit. Im Laufe der Zeit passen sich Zuhause und Mode immer weiter aneinander an, und ihre Schicksale verknüpfen sich immer enger miteinander.

Anders als gemeinhin angenommen ist die heutige Mode nicht einfach nur eine zeitgemäße, ästhetisch aktualisierte Version früherer Moden, die sich ansonsten nur durch die industriellen Herstellungsverfahren von ihren Vorläufern unterscheidet. In der Mode kommen auch nicht nur kulturelle Unterschiede und ethnische oder religiöse Identitäten zum Ausdruck. Ebenso lässt sich die Art, wie wir uns kleiden, nicht allein durch einen sich wandelnden Zeitgeschmack erklären. Es sind sehr viel tiefer gehende Entwicklungen, denen die heutige Mode ihre Entstehung verdankt. Zum einen können bestimmte Kleidungsformen nicht mehr ohne Weiteres bestimmten Gesellschaftsschichten zugeordnet werden. Zum anderen sind unterschiedliche Modegeschmäcker weit mehr als zufällige Begleiterscheinungen einer Ästhetik, deren einziger Zweck die Zurschaustellung der wirtschaftlichen und kulturellen Überlegenheit der eigenen Bevölkerungsgruppe gegenüber allen anderen ist. Vielmehr bringt heutzutage jeder neue Modestil auch eine neue Daseinsform hervor, die zumindest theoretisch jedem zugänglich ist, ganz gleich, welcher Gesellschaftsschicht man angehört oder wie dick die Brieftasche ist. Als Coco Chanel ihre *silhouette neuve* entwarf, indem sie Linienführung und Stoffe aus der Männermode entlehnte, erschuf sie nicht nur eine weitere Gelegenheit zum protzigen Konsum, sondern auch eine neue weibliche Identität. Denn Frauen, die sich auf diese Weise kleideten, zeigten damit an, dass sie nicht länger gewillt waren, sich auf ihre vermeintlichen Repräsentationspflichten reduzieren zu lassen, sondern durchaus in der Lage waren, zu arbeiten und Sport zu treiben. Ein Zuhause sollte dasselbe tun und neue moralische Identitäten erschaffen.

So gesehen existiert Mode überhaupt erst, als Kleidungsdesigner und -hersteller ganz bewusst ein Programm der künstlerischen Avantgarde vom Beginn des letzten Jahrhunderts aufgriffen, die Kunst und Leben zusammenführen wollte. Kleidung eignet sich besonders gut für die Erschaffung von Gesamtkunstwerken, denn sie ist ein Gebrauchsgegenstand, den alle Menschen besitzen und benutzen müssen, ganz gleich, welcher Gesellschaftsschicht oder Religion sie angehören, wie arm oder reich sie sind und wie es um ihre sexuelle oder ideologische Orientierung bestellt ist. Kleidung ist etwas, das jeder Mensch sein Leben lang trägt, Tag für Tag und nicht nur tagsüber, sondern auch nachts. Im Gegensatz zu anderen künstlerischen Artefakten, die nur in Wohnungen oder Museen zur Schau gestellt werden können, ist unsere Kleidung ein mobiles Kunstwerk. Wir tragen sie am Körper und benutzen sie als eine Art Amulett, aber auch als beweglichen Raum, der uns überallhin begleitet. Aber Kleidung leistet noch viel mehr, denn sie dient uns darüber hinaus als Vermittlerin bei allen sozialen und physischen Interaktionen mit uns selbst und mit anderen. Kleidung macht die Kunst zu etwas, das immer und überall präsent ist, nicht zuletzt auf unserer Haut. Mit ihrer Hilfe tauchen wir in die Kunst ein und verwandeln sie damit vom Objekt distanzierter ästhetischer Betrachtung in einen integralen Bestandteil unseres Lebensraumes. Auf diese Weise wird die Kunst zum Brennglas, durch das wir die Welt und uns selbst wahrnehmen und von allen anderen wahrnehmen lassen. Die Kunst ist das Medium unserer Erfahrungen – jedweder Erfahrung. Das macht die Mode – mehr noch als jede andere künstlerische Erfahrung – zum idealen trojanischen Pferd, das die Kunst überall auf der Welt in den Alltag der Menschen integriert. Denn in der Mode verschmelzen alle anderen künstlerischen Teildisziplinen miteinander, um unseren Körper und unser Leben zu verändern.

Mode stellt somit den Versuch dar, das Selbst mit Hilfe der Kunst herauszubilden. Das ist ein nicht zu unterschätzender Aspekt im kulturellen Leben zeitgenössischer Gesellschaften, denn darin kommt die demokratische Idee der Verteilung von Macht auf alle Individuen in besonders extremer Weise zum Ausdruck. Mode ist die Bestätigung dafür, dass Identität in einem demokratischen Raum nicht a priori vorhanden ist, sondern eine Verhandlungssache, die gemeinschaftlich erschaffen werden muss. Es ist das, was der Begriff »Lebensstil« ursprünglich meinte. Er wurde von den Soziologen Georg Simmel und Max Weber und dem Psychologen Alfred Adler eingeführt und hatte zunächst nichts mit Lebensführung im ästhetisierenden Sinne zu tun. Vielmehr bezeichnete er die Strukturen, die entstehen, wenn Gesellschaften verhindern wollen, dass das Leben des Einzelnen durch irgendeine Form von Identität bestimmt wird – sei sie nun biologischer, ethnischer, religiöser, wirtschaftlicher, kultureller oder geschlechtlicher Natur. So erkannte Simmel, dass das eigentliche moralische Projekt des modernen Kapitalismus darin besteht, Geld zur alleinigen Basis von Gesellschaften zu machen, um auf diese Weise den Einzelnen von vererbten sozialen Strukturen wie Stand, Ethnie oder Religion zu befreien.

Das moderne Individuum kann diesen Identitätsformen eine auf psychologischer, kultureller und moralischer Grundlage neu erschaffene Identität entgegensetzen. Identität ist also ein Artefakt, ein technisches und künstlerisches Konstrukt und gerade deshalb das Ergebnis eines Willküraktes. Der Begriff des Stils drückt ebendies aus. »Stil ist alles«, schrieb Ernst Gombrich, »was eine Unterscheidung und somit das Erkennen ausgeführter Handlungen oder erschaffener bzw. zu erschaffender Artefakte erlaubt.« Wenn das richtig ist, gilt auch: »Es kann keinen Stil geben, wenn es keine Wahlmöglichkeiten zwischen verschiedenen Ausdrucksformen gibt.«

Kleidung besitzt die Fähigkeit, Identität in etwas Künstliches und damit Willkürliches zu verwandeln. Uns macht also nicht das aus, was wir geerbt haben (eine Nationalität, eine Ethnie, eine Kultur oder eine Sprache), sondern das, wofür wir uns entschieden haben und das wir jederzeit aufgeben können. So gesehen ist Mode auch in moralischer Hinsicht das genaue Gegenteil von Sitte. Im alten Rom hatten die Sitten die Aufgabe, die Gesellschaft unter Berufung auf die Vorfahren moralisch zu stabilisieren (*mos maiorum*). Dagegen ist es die Aufgabe der Mode, für einen Wandel von Sitten und Gebräuchen zu sorgen. Die der Mode innewohnenden Gesetzmäßigkeiten bewirken eine permanente Umwälzung der Moralvorstellungen und des Kleidungsgeschmacks. Man könnte in diesem Zusammenhang von *mos novissimorum* sprechen, einer Art paradoxen Tradition (*mos* bedeutet im Lateinischen neben »Sitte« auch »Moral« und »Tradition«) der ständigen Erneuerung, die zugleich – ebenfalls paradoxerweise – der stabilisierende Faktor dieses Prozesses ist. Das macht sie zum genauen Gegenteil der Censur in Rom: Anstatt »die neuen Schandtaten einzudämmen und die alten Sitten wiederherzustellen« – »castigare [...] nova flagitia et priscos revocare mores« (Livius 39,41,4) – zielt sie darauf ab, alte Schandtaten zu bestrafen und neue Sitten zu etablieren (»priscos castigare mores et novos advocare habitos«). Anstatt traditionelles Verhalten zu kodifizieren, zelebriert die Mode das Neue an sich. Ihretwegen ist unser Verhältnis zur Identität von Flexibilität, Ironie und Unsicherheit geprägt, denn die Rhythmen des modischen Wandels zwingen uns regelmäßig dazu, das Alte zu prüfen und es gegebenenfalls zugunsten des Neuen zu verwerfen.

Wir nutzen Kleidung dazu, um unsere Identität in eine Art

Dauerbaustelle zu verwandeln, denn sie erlaubt es, auch subtilste psychologische Veränderungen auszudrücken. Die Unterschiede, die moderne Kleidung artikulieren soll, haben nichts mit der wirtschaftlichen oder sozialen Distanz zu tun, die Gesellschaftsschichten voneinander trennt. Denn die heutige Form der Mode etablierte sich, als Kleidung nicht mehr Standesunterschiede zum Ausdruck bringen musste, sondern die Unterschiede zwischen den Geschlechtern, Persönlichkeiten oder Neigungen innerhalb des Standes oder des Geschlechts bekräftigen sollte. Es geht nicht mehr um die Diversität der eingesetzten Ressourcen, sondern darum, wie jeder Einzelne dieselbe Quantität an Ressourcen nutzt.

Andererseits ist eine manipulierte Identität physisch untrennbar mit den übrigen Gebrauchsgegenständen verbunden, die sie verwendet. Deshalb definiert sich der moderne Mensch vor allem durch die Dinge, die er benutzt und mit denen er sich umgibt. Umgekehrt werden Gebrauchsgegenstände, insbesondere solche, die zur Identitätsbildung beitragen, immer weniger durch ihren ästhetischen oder wirtschaftlichen Wert definiert, sondern erhalten stattdessen eine moralische Funktion. Sie sind Katalysatoren der Persönlichkeit und sollen eine Verwandlung des Subjekts bewirken. Als versachlichte und verdinglichte Identität – eine Art konfektioniertes Selbst – verleiht Kleidung der Persönlichkeit und der Identität einen objektiven und öffentlichen Charakter, der nicht mehr rein psychologisch ist. Und gerade das macht Identität vermittelbar, denn auf diese Weise wird sie zum Attribut der Dinge und zum Ausdruck eines Bewusstseins. Sie ermöglicht auch das Erschaffen von »Schranken und Distanzierungen, an denen der exaggerierte Subjektivismus der Zeit ein Gegengewicht und eine Hülle findet«, wie der Soziologe Georg Simmel es formulierte.

Kleidung ist das Feld, auf dem die Beschaffenheit eines Objekts die Gefühle und die Einstellung eines Subjekts verkörpern kann. Gleichzeitig ist sie der Bereich, in dem das Objektive und Subjektive miteinander verschmelzen und füreinander verständlich werden. Nur so können wir unsere Persönlichkeit und unser Selbst vervollständigen. Gefühle, Emotionen und psychische Anwandlungen besitzen nicht nur eine geistige Substanz, sondern müssen sich auch in der materiellen Welt körperlich manifestieren. Das Bewusstsein existiert in Kleidern, ist ein Karneval der Farben, Formen und Konfektionsgrößen. Die Moral ist in Wahrheit keine menschliche Fähigkeit, sondern eine Kraft, die sich der Mensch nur durch die Dinge nutzbar machen kann. Über sich selbst zu sprechen heißt nicht mehr, nur über Handlungen, Einstellungen, Persönlichkeiten oder Willen zu sprechen, sondern auch und vor allem über die Gegenstände, die für uns von Bedeutung sind, ihre Form und Beschaffenheit – oder genauer gesagt, über die Macht, die sie über unsere Persönlichkeit und die Persönlichkeit anderer haben.

Kleidung ist die Manifestation des gestisch-moralischen Gleichgewichts zwischen dem Selbst und den Dingen. Kleidung steht für die Existenz des Selbst in den Dingen, die wir benutzen, herstellen, uns vorstellen, kaufen und konsumieren können. Das Selbst ist nicht mehr das, was uns von den Dingen unterscheidet. Vielmehr ist es zum Brennglas der Nicht-Unterscheidbarkeit zwischen Subjekt und Welt, zwischen Bewusstsein und materiellem Universum geworden. Eine Wollkrawatte scheint meinen Charakter eher zu verkörpern als mein Gesicht oder meine Hände. Meine Schuhe scheinen meinen Freiheitsdrang authentischer widerzuspiegeln als meine Lunge oder mein Haar. Mode wird durch die Entdeckung möglich, dass wir die Welt wie unseren Körper bewohnen können, indem wir eine Form des Zusammenlebens mit Teilen dieser Welt etablieren, die mehr als nur anatomisch ist. Sie zwingt uns zu einer Neugestaltung der gesamten psychosomatischen Geografie des Kosmos, denn Seelen sind Artefakte, mobile, nichtorganische Körper, die wir benutzen, immer wieder durchdringen und verlassen. Unsere Seele ist ein Golem, ein nicht durchbluteter Teil unseres Körpers, der keine Sinnesorgane besitzt und weder wachsen noch sprechen kann. Wir spüren sie nicht, wir wachsen nicht mit ihr, und doch sind wir einen Moment lang in dieser Masse aus Wolle, Leder, Baumwolle oder Polyester. Genau das ist das Anstößige an Kleidung: Sie zeigt, dass die Psyche kein subtiles Fluid ist, sondern ein nichtorganischer Körper, der nicht vom Gehirn und den Sinnen abhängt und in Anzug oder Hose intensiver und transparenter zum Ausdruck kommt als in Nasenform oder Haarfarbe. Die Seele ist nicht die Kraft, durch die wir uns von allen anderen nicht lebenden Körpern unterscheiden und die es uns ermöglicht, denselben Teil der Materie, den wir jahrzehntelang bewohnt haben, erneut einzunehmen, um nach dem Tode wiederaufzuerstehen. Vielmehr ist sie die Kraft, die es uns ermöglicht, jedes Molekül zu durchdringen und sogar in einem Körper zu leben, zu dem wir keine organische oder genealogische Beziehung haben. Sie ist nicht die Energie, die den Menschen vom Rest der Lebewesen trennt, sondern das, was es jedem Lebenden erlaubt, mit allem zu verschmelzen, was nicht leben kann. Sie ist nicht die Grenze, die uns von der Welt trennt, sondern der Schlüssel, der uns den vollständigen Zugang zu ihr gewährt. Wie Seelen dienen Kleidungsstücke nicht der Separierung, sondern der Vermischung von Völkern, Kulturen, Zeiten und Empfindungen. Sie sind Mittel zur Kontamination und Zirkulation von Identitäten. Durch die Kleidung auf unserem Leib tragen wir immer die Seele eines anderen mit uns, sind zugleich aber auch Geister, die Körper anderer aufsuchen, von denen wir nicht das Geringste wissen.

Kleidung verändert die psychische Landschaft innerhalb und außerhalb von uns – auch in dieser Hinsicht ähnelt sie dem Zuhause. Wo die Kleidung anfängt, hört der Raum auf, gänzlich öffentlich zu sein. Es ist, als würde er vom Willen des Individuums gekrümmt und nähme Farben, Formen und Bedeutungen an, die nicht mehr allen offenstehen, sondern von einer Persönlichkeit definiert werden.

Kleidung ist ein Raumanzug oder ein Zelt, das uns überallhin begleiten kann, ohne an ein bestimmtes Territorium oder einen bestimmten Raum gebunden zu sein, denn Kleidung verwandelt jeden beliebigen Ort in ein Zuhause. Mittels der Mode geben wir ihm einfach nur eine andere Form. In unseren Wohnungen jedoch potenziert sich die psychische Kraft, die jedes Kleidungsstück verkörpert, noch einmal um ein Vielfaches. Kleidung und Zuhause sind Ergänzungen des Ichs, denn wir brauchen sie, um unser psychisches Leben aufzubauen und zu gestalten. Wir erschaffen das Zuhause und die Kleidung nicht etwa, um den Körper zu schützen, sondern weil der Körper allein der Seele nicht genügt. Das Ich ist stets weltlich und lebt außerhalb unseres Körpers, weshalb wir niemals »Ich« sagen können, ohne uns auf die Welt zu berufen.

Wenn Kleidung aber ein Paradigma der Behausung ist,

müssen wir lernen, das Zuhause wie ein Kleidungsstück zu betrachten. Auf diese Weise würden wir uns nämlich ein für alle Mal von der Vorstellung befreien, dass ein Zuhause unsere Natur widerspiegeln sollte. Wir sind es gewöhnt, aus dem Zuhause eine Art Uniform zu machen, ein Kleidungsstück, das wir nicht mehr ablegen wollen und von dem wir erwarten, dass es uns passt wie eine zweite Haut. Es ist beinahe so, als wären wir in der Zeit der Aufwandsgesetze stehengeblieben, als Kleidung noch die Standeszugehörigkeit ausdrücken und eine bestimmte Form des Reichtums zur Schau stellen sollte. Wenn wir das Zuhause hingegen als potenzierte Form der Bekleidung betrachten, würden wir es eher als psychisches denn als räumliches Faktum begreifen und uns damit von der patriarchalen Logik befreien, nach der es sich um einen Besitz oder ein Erbe handelt. Wir sollten die Vorstellung verabscheuen, immer nur ein und dasselbe Zuhause zu bewohnen, sondern es stattdessen mit anderen tauschen, wie wir die Kleider tauschen. Wir sollten in das Zuhause anderer eintreten, wie wir in ihre Kleider schlüpfen. Das Zuhause der Zukunft sollte die radikale Erweiterung einer Logik sein, wie sie Airbnb verkörpert. Mit anderen Worten, so wie unsere Kleidung sollten wir auch unser Zuhause zu jeder Jahreszeit wechseln.

ZWILLINGE

Über viele Jahre war es ein Foto, eine alte, vergilbte Schwarz-Weiß-Aufnahme, die für mich die Idee des Zuhauses am deutlichsten verkörperte. Das Bild zeigt zwei kleine blonde Kinder, die auf einer Wiese herumtollen. Sie müssen etwa ein Jahr alt sein, denn sie wirken noch unsicher auf den Beinen. Das eine trägt Jeans und ein weißes T-Shirt mit schwarzen Streifen. Es befindet sich mitten im Bild, blickt trotzig in die Kamera und streckt die Ärmchen aus, so als wolle es dem Betrachter entgegenlaufen. Das andere hat eine Latzhose an und läuft ein oder zwei Meter hinter dem ersten. Es will das vordere Kind offenbar so schnell wie möglich einholen, ist dadurch aber aus dem Gleichgewicht geraten und droht hinzufallen. Rechts im Hintergrund sitzt eine Frau. Sie scheint etwas zu sagen, richtet ihre Worte jedoch an eine Person, die nicht im Bildausschnitt zu sehen ist. Ich habe keine Ahnung, wo diese Aufnahme entstanden ist. Es wanderte, solange ich denken kann, durchs Haus und stand zusammen mit anderen Fotos regelmäßig im Mittelpunkt einer ganz speziellen Betätigung. Ich erinnere mich noch gut an die uns Kindern surreal anmutenden Abende (heute sind sie Bestanteil der Alltagsarchäologie), an denen wir gemeinsam Fotoalben durchblätterten oder Dias von Reisen aus der Vergangenheit in die Gegenwart projizierten.

Als Hüterin der Bilder und des Familiengedächtnisses

nahm meine Mutter dieses Foto oft in die Hand, um es uns zu zeigen und mit uns eine Version von *Ratet mal, wer das ist?* zu spielen. Eigentlich kein Problem, denn bei den abgebildeten Kindern handelt es sich um meinen Bruder Matteo und mich. Notwendig war diese Übung deshalb, weil wir Zwillinge sind und einander gerade damals so ähnlich sahen, dass man uns immer wieder verwechselte – sowohl in der Realität als auch auf Bildern. Wie fast alle Zwillinge war auch ich daran gewöhnt, ebenso mit meinem eigenen Namen wie mit dem meines Bruders angesprochen zu werden. Je nach Anlass und Leuten war ich Emanuele (der Echte) oder »der Emanuele«, der mit Matteo verwechselt worden war, oder »der Matteo«, der für Emanuele gehalten wurde. Wie fast alle Zwillinge waren mein Bruder und ich in den Augen anderer vollkommen austauschbar. Und vielleicht nicht nur in ihren.

In der Realität hatten wir (zumindest oberflächlich) kein Problem damit, zu wissen, wer von uns wer war. Auf den Bildern hingegen waren wir uns diesbezüglich bisweilen nicht immer so sicher. Ich selbst jedenfalls fand es schwer, mich auf Kindheitsfotos wiederzuerkennen. Das Spiel, das unsere Mutter mit uns spielte, hatte also eine therapeutische Funktion. Es ordnete unseren Geist, verschaffte uns ein Gespür für unsere Identität und verwurzelte diese Ordnung in einer strengen visuellen und morphologischen Genealogie. Einige ihrer Hinweise klingen mir bis heute noch in den Ohren: »Du bist derjenige mit dem ovalen Gesicht, dein Bruder dagegen hat eine flache Nase«, wiederholte sie immer wieder.

Obwohl sie uns so oft aufgezwungen wurde, war diese Prosopographie auf Grundlage unserer Kindheitsbilder nicht sonderlich wirksam. Jedes Mal mussten wir wieder von vorn anfangen, uns erneut wie Studienobjekte Lambrosos auf diese physiognomische Hermeneutik des bürgerlichen Innenlebens einlassen. Wir bemühten uns, ein Gesicht vom anderen zu unterscheiden, uns in einem Körper und nicht im anderen wiederzuerkennen und unser Gedächtnis in eindeutigen Erinnerungen zu verankern. Es war beinahe ein Ritual, mit dem wir die Unmöglichkeit dessen zelebrierten, was Lacan das »Spiegelstadium« nannte. Erst wenn das Kind sich selbst im Spiegel wiedererkennen und sich unter den Augen der elterlichen Autorität mit seinem Bild identifizieren kann, ist es laut Lacan in der Lage, sich aus der motorischen Ohnmacht und der Abhängigkeit von der Nahrung zu befreien und sein Selbst durch die Erschaffung eines Ideal-Ichs zu stärken. Dieses Ideal-Ich ermöglicht auch die Normalisierung des Begehrens. In meinem Fall passierte jedoch das Gegenteil, denn ich erkannte mich nicht. Und als ob das noch nicht genug gewesen wäre, zeigte meine Mutter anschließend nicht einfach auf mein Bild, sondern fuhr mit dem Finger zwischen beiden Gesichtern hin und her und verwischte auf diese Weise die Grenze, die mich von den übrigen Körpern trennte.

Trotzdem machte mir diese Übung großen Spaß und die Quelle dieses Vergnügens war ausgerechnet mein unausweichliches Scheitern. Ich liebte es, einen Moment lang nicht zu wissen, wer ich war, und mochte es, mit dem anderen verwechselt zu werden. Ganz besonders gefiel es mir jedoch, mich hinter oder besser gesagt in der Identität des anderen zu verstecken.

Diese Übung hatte etwas schwer Fassbares und Berauschendes an sich, aber verstanden habe ich das alles erst sehr viel später. Ich verließ mein Elternhaus, um zu studieren, und einige Jahre später auch Italien. An das Foto und die spirituelle Übung, der es diente, dachte ich erst wieder, als ich meine Eltern vor ein paar Jahren mit meiner Tochter besuchte. Zu diesem Zeitpunkt war sie in etwa so alt wie mein Bruder und ich auf dem Foto. Nachdem wir das Haus betreten hatten, stiegen wir langsam, Stufe für Stufe die Treppe hinauf. Seit jeher war das Treppenhaus buchstäblich übersät mit Fotografien aus der Vergangenheit, angefangen mit der Kindheit meiner Eltern bis hin zu meinen eigenen Kindertagen. Meine Tochter wollte natürlich wissen, wer alle diese Kinder im Haus ihrer Großmutter waren. An diesem Tag sah ich das besagte Foto nach langer Zeit zum ersten Mal wieder. Es hing eingerahmt am oberen Ende der Treppe, nur ein Steinchen im großen Fotomosaik, das diesen Teil des Hauses in eine Art familiäre Votivkapelle verwandelte. In den Jahren zuvor war ich bestimmt dutzende Male daran vorbeigegangen, ohne es zu bemerken. Doch die Augen meiner Tochter fanden es, und es war, als sei Lacans Spiegelstadium auf seltsame Weise verkehrt worden. Während dabei üblicherweise der Erwachsene dem Kind die Bestätigung seiner Identität ermöglicht, indem er die Richtigkeit seiner Erkenntnis bezeugt, war es in diesem Fall meine Tochter, die mich an die Unmöglichkeit erinnerte, meine eigene Identität anhand dieses Bildes zu bestätigen.

Dieses Wiedersehen war wie der Genuss einer Madeleine, ebenso köstlich wie unheimlich. Einerseits war ich wirklich überrascht und musste schmunzeln, weil es mir einmal mehr nicht gelang, mein eigenes Gesicht – meins und nur meins – zu erkennen, meine eigene Vergangenheit wiederzuerkennen und meiner Kindheit ein eindeutiges Gesicht zu geben. Es ist ein im Grunde leicht zu deutendes Dokument mit nur zwei

Kindern darauf, und dennoch war ich nicht in der Lage, meiner Tochter zu sagen, welches der beiden ich war und in welchem der beiden Kinderkörper ich steckte. Unheimlich, ja sogar sehr unheimlich war die Situation deshalb, weil mein Bruder zwischenzeitlich verstorben war. Die Wiederholung dieser Identitätsübung, die erneute Konfrontation mit dem Umstand, dass es mir unmöglich war, unsere Gesichter und Schicksale visuell voneinander zu trennen, bedeutete zugleich, dass es mir unmöglich war zu trauern oder seinen Tod von meinem Leben zu trennen. Dieses Bild wiederzusehen war wie ein doppeltes, ein emotionales und visuelles Trauma. Denn in diesem Moment fühlte ich nicht nur, dass es mir unmöglich war zu trauern, es wurde mir auch in Form eines Spiegelbildes buchstäblich vor Augen geführt. Mir war, als sei das alles vermischende Unbewusste aus den dunklen Untergeschossen meines Verstandes ins gleißende, beinahe tödlich helle Licht der Sonne gezerrt worden.

Erst da wurde mir klar, wie sehr dieses Bild die seltsame kognitive Störung, die mich daran hinderte, mich selbst wiederzuerkennen, auf ganz banale Weise dazu beigetragen hatte, dass ich mir meiner selbst bewusst geworden war. Es war zu meinem Cogito, einer endlosen spirituellen Übung geworden, so als sei es mein Schicksal, »ich bin« zu sagen. Vor allem jedoch bestimmte es die Art meiner Beziehung zur Welt.

»Zuhause« war für mich gleichbedeutend mit dem verzweifelten und oft zum Scheitern verurteilten Versuch, das Gefühl, die Haltung und die Art des Seins, die mir dieses Bild seit frühester Jugend eingeimpft hatte, zu erweitern, zu wiederholen und zu radikalisieren. Lange Zeit dachte ich, es handle sich um eine besondere Vorliebe fürs Geheime. Doch an dieser Erfahrung war nichts unsichtbar oder verborgen. Im Gegenteil. Alles war da, klar und deutlich auf dem Bild sichtbar. Keiner von beiden konnte sein eigenes Gesicht wiedererkennen oder Wissen und Wahrnehmung miteinander verbinden. Oder besser noch: Beide wussten zu viel. Denn das Problem war ja nicht, dass ich nicht wusste, wer ich war, sondern dass mir in dieser Situation plötzlich zwei mögliche Selbsterkenntnisse und Gesichter zur Verfügung standen und ich nicht in der Lage war, zwischen diesen beiden Erkenntnissen zu wählen. Es war nicht die Erfahrung, dass ich nicht »Ich« sagen konnte, sondern die Erfahrung, es wenigstens zweimal sagen zu können, was eine viel seltsamere und schwieriger zu beschreibende Angelegenheit ist. Ich stand nicht vor dem Vergessen meiner Kindheitserinnerungen, sondern vor ihrer virtuellen Verdoppelung. Ich musste nicht auf meinen Körper verzichten und sah oder spürte meine Seele nicht ohne Körper oder Organe. Vielmehr sah ich mich außerstande, meine Seele nur einem einzigen Körper zuzuordnen oder meinem Körper nur eine einzige Seele. Zuhause war für mich stets die Bezeichnung für den ontologischen und moralischen Rausch, den dieser Abgrund als Kind in mir auslöste.

Rausch: Dieses Bild steckt voller Möglichkeiten, und alle scheinen gleichermaßen legitim, unpräzise und instabil zu sein. Jeden Moment könnte jemand anderes, könnten der Andere und die Anderen, mein Bruder und andere Zwillinge, auftauchen und vorgeben, das zu sein, was ich zu sein glaube – im Bild ebenso wie in der Wirklichkeit. Jeden Moment könnte jemand anderes so tun, als wäre er ich und als wäre er anders als ich. Und vor allem kann ich mir – und das ist der schwierigste Aspekt des Zwillingsdaseins – jeden Moment sagen, dass der

Andere mein Sein verkörpert, und zwar viel besser als ich selbst.

Dieses Bild drückt etwas aus, das schon oft beschrieben wurde, etwas, das die Erfahrung des Zwillingseins in den Status eines ebenso alltäglichen wie intimen Tatbestandes erhebt. Es ist nicht die ständige, in bester Absicht, aber im lästigen Unterton eines Moralkatechismus vorgetragene Ermahnung, sich doch dem Anderen gegenüber zu öffnen. Es ist noch nicht einmal die Aufforderung, andere zu respektieren oder seinen Nächsten wie sich selbst zu lieben. Vielmehr ist es der Beweis dafür, dass die Übereinstimmung oder Deckungsgleichheit des Selbst mit dem Anderem eine ontologische Tatsache und keine moralische Pflicht ist. Und es ist der Beweis dafür, dass diese Übereinstimmung zwischen mir und dem Anderen noch weit beunruhigender und überraschender ist, als ich es für möglich gehalten habe. Mich beim Betrachten dieses Bildes auf mich selbst zu besinnen heißt immer, dass ich mich nicht von dem Anderen unterscheiden kann, weil ich mich in den Gesichtszügen meines Bruders perfekt wiederfinde. Dieses Übermaß an Gesichtern und Identitäten ist deshalb beunruhigend, weil es kein Ende nimmt. Und es hat mich gezwungen, eine surrealistische, karnevaleske Version des kartesischen Cogito zu erschaffen.

So wie Alice vor dem Spiegel war dieses Bild für mich immer der Beweis für die perfekte Wandelbarkeit von Innen und Außen. In mir, in den Tiefen meines Innersten, finde ich die Welt, die äußere Realität, von der mein Bruder nur ein Teil war, ein Muster, durch ein seltsames Spiel des Schicksals nach meinem Bild und der Ähnlichkeit geformt. Oder vielleicht war auch ich es, der nach dem Bild meines Bruders modelliert wurde, identisch und darum für die weite Außenwelt nicht unterscheidbar von allem, was zwischen meiner Haut und dem Horizont passierte. Auch hier ist das Problem nicht der Mangel an Wiedererkennen und Selbsterkenntnis, sondern ihr Übermaß. Denn es gibt ein »Selbst« in mir und eines außerhalb von mir und es ist unmöglich, die Grenzlinie zu erfassen, an der sich die Selbstbeobachtung in Wahrnehmung, das Organ in ein Instrument und das Selbst in die Welt verwandelt oder umgekehrt.

Der Abgrund ist also nicht nur kognitiv oder moralisch, sondern auch so etwas wie ein kosmischer Fehler. Es handelt sich nicht nur um eine Aporie im Wiedererkennungsmechanismus. Das Leben in mir, im Innersten meines Wesens – im Herzen, im Gehirn, in der DNA –, das Leben, das nie aufgehört hat, mich zu erzeugen, ist genau dasselbe Leben wie das eines anderen Menschen. Und diese Erkenntnis ist ebenso beängstigend wie berauschend. Die Kontemplation dieses Lebens, das gleichzeitig und mit demselben Recht in mir und anderswo ist, das in mir und außerhalb von mir leben kann, war die ursprüngliche Erfahrung des Zuhauses. Mein Körper und der Körper meines Bruders drücken dasselbe Leben aus, ein unbestimmtes, vielgestaltiges und alles verschlingendes Leben, das dazu in der Lage ist, sich anderswo hinzubegeben, alles zu werden und sich in alles zu verwandeln.

Das Zuhause ist ein Raum, in dem dasselbe Leben frei zwischen mehreren Körpern zirkuliert. Es ist eine Art Zauber, der es Menschen und Gegenständen erlaubt, zumindest für einige Momente Zwillinge zu sein. Zumindest für mich war »zuhause« stets die Bezeichnung für diesen Zwillingszauber: Es waren die Formen, die mein unbewusster Wunsch erzeugte, mich mit irgendetwas zu identifizieren, und der Umstand, dass ich niemals sicher sein konnte, ob das, was ich sah, nicht ein Zwilling war, der vorübergehend sein Aussehen verloren hatte – wie eine Raupe, die durch ihre Verwandlung in einen Schmetterling ihre Ähnlichkeit mit mir verloren hatte, aber insgeheim weiter dasselbe Leben behielt, das auch in mir war. So als ob der reale, menschliche Zwilling ständig in anderen möglichen oder virtuellen Zwillingen existent wäre. Oder als ob die ganze Welt im Grunde nur eine einzige diffuse Zwillingsschaft wäre, die nicht mehr biologisch (oder kosmisch), sondern irdisch, ganz konkret und existentiell zum Ausdruck kommt: Nicht nur diese Freundin, diese Frau oder dieser Mann, sondern auch die Erde, das Wasser, das Hähnchen, das ich mittags gegessen habe, der Computer, an dem ich dieses Buch schreibe, mein Telefon, das Geld und die Luft, die wir atmen, sind anikonische, kosmische, metamorphe Zwillinge, die mein Leben und meinen Atem zum Ausdruck bringen.

Wenn sie zum Zuhause wird, ist die Zwillingsschaft nicht mehr ein Einzelschicksal, das einige Wesen verbindet und alle anderen ausschließt. Sie ist vielmehr das Gewebe, aus dem Welt und Gesellschaft bestehen. Zwillingsschaft ist nicht die Beziehung, die mich an meinen Bruder gebunden hat, sondern die Art der Beziehung, die alle Lebewesen mit sich selbst und mit der Welt haben. Dabei geht es nicht um das Erscheinungsbild und die gemeinsame Form, sondern um Struktur und fleischliche Übereinstimmung, denn alles auf der Welt hat dasselbe Leben. Die formalen Unterschiede sind nur eine Folge der unzähligen Metamorphosen, die sich seit dem Beginn allen Lebens vollzogen haben. Auch wenn wir also unterschiedliche Wege beschreiten, sind wir doch alle kosmische Zwillinge, die dasselbe Leben teilen.

Ich habe diesen Drang, mich mit irgendetwas zu identifizieren, lange Zeit für pathologisch gehalten und ihn bekämpft. Und in gewisser Weise ist er das auch, allerdings handelt es sich in erster Linie um eine moralische Krankheit. Zwillingsgeschwister leiden unter einem sozialen und emotionalen Fluch. Denn sie haben die verbotene Frucht der Liebe und der absoluten Intimität mit jemandem gekostet, ohne eine romantische Liebesbeziehung gehabt zu haben, also ohne die Mühsal des Rendezvous mit ungewissem Ausgang auf sich zu nehmen, und ohne die mit einer solchen Beziehung einhergehenden Freuden und Qualen, Streitereien und Versöhnungen. Zwillinge können Amen sagen, ohne zuvor den Rosenkranz aus Versprechungen und Untreue, Erwartungen und Selbstgesprächen, Vergessen und Überraschungen herunterleiern zu müssen. Die Intimität von Zwillingen ist im wahrsten Sinne des Wortes prähistorisch, denn sie existiert vor jeder Form von Erfahrung. Sie ist unvorstellbar, unbegreiflich und vor allem nicht nachzuvollziehen – noch nicht einmal für diejenigen, die sie erleben. Selbst wenn mein Bruder und ich uns monatelang weder gesehen noch gesprochen hatten, bedurfte es nur eines Augenblicks, um zu spüren, dass die Seele des einen eine Erweiterung der Seele des anderen war. Die größte Schwierigkeit in meinem Leben bestand darin, zu akzeptieren, dass diese Intimität ein Geschenk war, das man manchmal erst am Ende einer gemeinsamen Reise bekommt. Sie ist jedoch niemals eine Voraussetzung.

Noch schwieriger war zu verstehen, dass die erotische Liebe anders sein musste. Sobald ich mich mit dem Eros auseinandersetzte, fand ich mich im Mythos der Androgynie wieder. Allerdings in einer stark erweiterten Version, so als ob eine

Hälfte von mir überall wäre – in jeder Frau, in jedem Mann, in jedem Ereignis, in jedem Ding. Deshalb verliebe ich mich wahrscheinlich auch in alles und jeden. Und damit meine ich nicht nur eine Form von oberflächlicher Begeisterung, denn ich habe dann immer das Gefühl, mich mit einem Duplikat meiner selbst wiederzufinden. Überall.

Auf ontologischer Ebene besteht natürlich die Gefahr einer womöglich krankhaften Selbstüberschätzung, auch Hybris genannt. Doch wer in jedem Objekt einen potenziellen Zwilling erkennt, könnte gar nicht weiter von irgendwelchen Allmachtsfantasien entfernt sein. Denn es bedeutet nicht, dass wir unsere Persönlichkeit auf den Zwilling projizieren. Vielmehr zwingen wir uns auf diese Weise dazu, jedes Objekt und jeden Körper zu einer Quelle der Selbsterkenntnis zu machen. In einem Universum der »universellen Zwillingsschaft« muss jeder Akt der Selbsterkenntnis die Erkenntnis des anderen durchlaufen, und was beim Erkennen der Welt auf dem Spiel steht, ist die Selbsterkenntnis. Wenn aber alles und alle Zwillinge sind, haben alles und alle dieselben Rechte und Geheimnisse wie unser angebliches Unterbewusstsein. Die Erkenntnis, dass es eine kosmische Zwillingsschaft gibt, die alles durchzieht, und wir folglich alle Zwillinge sind, die nur ihre Ähnlichkeit verloren haben, bedeutet (nicht nur), dass die Welt ein einziges Doppel ist. Es gibt nicht mehr nur ein einziges Duplikat von uns auf der Welt, denn alles ist ein Duplikat von etwas anderem. Wenn ich die kosmische Zwillingsschaft anerkenne, gestehe ich damit ein, dass es in mir Duplikate von anderen gibt, mit unerwartet identischen Eigenschaften. Das macht die Begegnung mit dem anderen für mich zu einer Offenbarung und Wiederauferstehung.

Aufgrund all dessen werde ich den Gedanken nicht los, dass eine Zwillingsschaft jenseits aller Krankheit und Trauer kein zufälliges biografisches Ereignis ist, das nur einigen wenigen Menschen vorbehalten ist. Vielmehr ist es die intensivste Form von etwas Tieferem und Weiterem, die Verdichtung der Beziehung, die alle Frauen und Männer, ja alle Lebewesen miteinander verbindet.

Es handelt sich dabei weniger um eine genealogische Verbindung. Tatsächlich ist es eher eine Störung der Genealogie, denn die unendliche horizontale Ausdehnung der Verwandtschaft geht auf Kosten der Vertikalität von Stammbäumen. Es waren nicht unsere Eltern, die meinen Bruder und mich zu Zwillingen machten. Unsere Mutter hat eher darunter gelitten, dass wir Zwillinge waren. Zunächst sogar im wörtlichen Sinne, denn sie musste monatelang das Bett hüten, weil die beiden humanoiden Fische in ihrem Bauch sie wie Vampire aussaugten. Vor allem litt sie im metaphysischen Sinne, denn nicht die Eltern machen die Zwillinge, sondern das Leben selbst tut es, weil es die Fähigkeit besitzt, sich überallhin zu begeben, jeden Körper zu durchdringen und zu beleben, sich in jedes Material und jeden Gegenstand zu verwandeln. Es ist das Leben, das unsere Körper formt und uns Seite an Seite, in einem ständigen Austausch von Flüssigkeiten, gedämpften Geräuschen, Tritten, Raum und Zeit in der Gebärmutter und außerhalb davon leben lässt. Dieser Austausch, der eine Person zur anderen werden lässt, ist ein unaufhörlicher und viel präsenterer Vorgang, als wir uns vorstellen. Es ist der Odem unseres Universums, die Physiologie unserer Welt.

Wir bringen Zwillinge hervor, indem wir atmen und alles beeinflussen, was vor uns liegt. Wir vermischen uns ständig mit allem, was außerhalb von uns ist, und verwandeln es in unser eigenes Blut. Zwillinge sind nicht das Ergebnis einer gemeinsamen Mutter und eines gemeinsamen Vaters, sondern einer extragenealogischen und extraontologischen Blutsverwandtschaft. Es ist die Kunst, sich an allem zu berauschen. Und das gelingt uns durch das Sprechen, denn die Worte, die wir aussprechen, sind unsere Zwillinge. Die Zwillingsschaft ist eher ein hochansteckender Virus als eine genetische Struktur. Wir erschaffen sie, indem wir essen und das Fleisch anderer in unser Fleisch verwandeln und damit zugleich unser Fleisch zur Reinkarnation eines anderen Lebens werden lassen. Zwillingsschaft ist weniger morphologische Ähnlichkeit als vielmehr eine Wiederholung, eine Wiedergeburt der anderen Körper.

Wie kosmische Zwillinge mit unzähligen Duplikaten verdichten wir in unseren Körpern das Echo von Milliarden Individuen, Arten und Zeiten. Wie kosmische Zwillinge lassen wir die Weltgeschichte in unseren Handlungen widerhallen. Nur weil wir jedes Mal, wenn wir »Ich bin« sagen, alle »Ich bins« unserer Zwillinge im Universum zum Erklingen bringen und unser Bewusstsein dank dieser kosmischen Zwillingsschaft gewissermaßen mit dem Kosmos zusammenfällt, können wir ihn überhaupt bewohnen.

Das Zuhause ist nur das Bewusstsein dieser Zwillingsschaft, dieser Liebe zu den Zwillingen, die über den ganzen Planeten verstreut sind. Und immer sind es viel mehr als zwei.

WEISSES PULVER

Kein Zuhause ist jemals fertig. Wir hören niemals auf, daran zu bauen. Und das tun wir nicht nur, indem wir die Geometrie der Räume und das Inventar verändern, sondern auch, indem wir lieben, schlafen, uns kleiden und tagtäglich andere Leben mit unserem verbinden. Die radikalste Form, ein Zuhause zu erschaffen, bleibt für mich das Schreiben. Dabei spielt es keine Rolle, wo ich bin. Ob in Berlin oder Frankfurt, in New York oder Paris, in Florenz oder Barcelona, die Szenerie ist überall dieselbe. Die Fensterläden sind geschlossen, die Jalousien heruntergelassen, und tagelang bleibt die Sonne ausgesperrt. Mein circadianer Rhythmus passt sich an. Die Tage dauern nicht mehr 24 Stunden, sondern verschmelzen zu einem ewigen borealen Winter, einer langen Nacht der Gespenster und Visionen, während der die Zeit der geheimnisvollen Choreografie meiner Hände gehorcht.

In diesen Momenten erwachen meine Finger zum Leben und kritzeln seltsame Zeichen auf eine glatte weiße Oberfläche. Sie verteilen Ober- und Unterlängen und regeln das Verhältnis zwischen Schäften und Serifen. Kurz gesagt, sie bringen Buchstaben zu Papier. Es ist jedoch nur eine scheinbar harmlose Tätigkeit, denn diese anikonischen Niederschriften wirken sich auf den Geist so ähnlich aus wie eine Nuklearbombe auf den Körper: Es kommt zu einer gewaltigen Explosion, deren Einfluss sich unsichtbar und auf schwer fassbare, irreparable Weise über Jahrhunderte erstreckt.

Die Schrift ist für diesen seltsamen radioaktiven Niederschlag des Geistes verantwortlich, denn sie verleiht uns die Fähigkeit, selbst die schlichteste und am wenigsten »beseelte« Materie zu bewohnen. Eine Idee verwandelt sich in Tintenkleckse auf Zellulose, und doch verleiht ihr diese fadenscheinige Existenz weitaus mehr Macht und Einfluss, als wenn sie nur das Gehirn eines einzelnen Menschen bewohnte. Anders als häufig angenommen, ist die Schrift jedoch kein Ersatz für das gesprochene Wort – tatsächlich ist ihre Verbindung zur Sprache wohl eher zufälliger Natur.

Wir haben uns an sie gewöhnt und betrachten sie als etwas ganz Banales, von dem keinerlei Gefahr ausgeht. Dabei ist die Schrift eine der stärksten psychotropen Substanzen, die es gibt, denn sie erzeugt beim Benutzer Visionen – und zwar im weitesten, sämtliche Sinne und den Verstand einschließenden Sinne des Wortes. Sie lässt uns Wesen sehen, hören und denken, die gar nicht da sind und keine substanzielle Verbindung zu der Abfolge von Klecksen vor unseren Augen haben. Daran ist selbst dann nichts Dokumentarisches, Fotografisches oder Realistisches, wenn man wirklich sagen möchte, was man gesehen hat. So gesehen ist jede Lektüre mit der Einnahme von LSD oder Ayahuasca vergleichbar. Die Worte sind wie das weiße Pulver oder das unangenehm schmeckende Getränk. Schluck für Schluck taucht vor uns etwas auf, das nichts mit unserem Körper oder der Welt zu tun hat, die uns umgibt. Anders als bei den Drogen, und das ist entscheidend, können wir die Visionen dank der Schrift jedoch zähmen, selbst herbeiführen und vor allem beliebig reproduzieren.

Die Schrift ist also durchaus mit psycho-aktiven Substanzen vergleichbar, nur dass der Prozess beim Schreiben genau umgekehrt verläuft. Im Falle der Drogen muss zuerst eine materielle Substanz eingenommen werden, um eine Vision zu erzeugen. Beim Schreiben dagegen steht die Vision am Anfang. Sie ist es, die den Schreibenden dazu veranlasst, eine psychotrope Substanz abzusondern – Sprache ist im Grunde genommen genau das, ein Psychedelikum, das jedem zur Verfügung steht. Die vom Schreiber produzierte Substanz ermöglicht es nun, seine Vision nachzuerleben und sie unzählige Male zu reproduzieren. Aus diesem Grund ist sie auch so weit verbreitet und wirkt so dauerhaft. Und wir brauchen diese Visionen. Unser Körper ernährt sich von dem Leben, das uns umgibt. Deshalb müssen wir essen. Denn wir überleben nur, wenn wir dieses Leben in uns aufnehmen und von unserem Stoffwechsel verarbeiten lassen. Deshalb haben wir Sinnesorgane, denn sie ermöglichen es uns, von diesem Leben mit Hilfe von Licht, Schall, Geschmack und Berührungen durchdrungen zu werden. Es gibt jedoch Bereiche dieses Lebens, die sich weder durch Nahrung noch durch den Gebrauch der Sinnesorgane aufnehmen lassen. Das Schreiben ermöglicht es uns, die Erfahrungen, die wir beim Essen und Wahrnehmen der Welt machen, mit anderen Mitteln fortzusetzen, denn auch auf diese Weise können wir all das Leben erleben, das uns umgibt, und uns von ihm durchdringen lassen. Es erzeugt sogar eine größere Vertrautheit zwischen allen Dingen und allen Lebewesen, als es Geburt, Essen oder Wahrnehmung vermögen. Das Schreiben erschafft eine geistige Kontinuität, wo es keine andere Kontinuität gibt. Alle Lebewesen finden ständig neue Wege, um einander zu durchdringen, das Leben des anderen zu leben, ja der andere zu werden. Und so kann das Leben eines jeden von einem Körper auf den anderen übergehen, von einem Individuum auf das andere, von einer Art auf die andere, von einem Ort auf den anderen, von einer Zeit auf die andere. Die Schrift und die Visionen, zu denen sie uns Zugang verschafft, sind zugleich Genese, Beweis und Archiv dieser Kontinuität. Daran ist nichts Intellektuelles. Es ist eine Injektion mit Leben in seiner reinen, chemischen, sinnlich wahrnehmbaren, visionären Form – das Leben konzentriert in Tintenstrichen von unerschöpflicher und unauslöschlicher Kraft. Jedes Stückchen Schrift ist im Grunde nur ein Trick, den das Leben ersinnt, um in uns einzudringen, uns für immer zu verändern und sich anschließend anderswo hinzubegeben. Die Schrift erlaubt es dem Leben, frei zu sein, sich nicht vereinnahmen zu lassen und ein ewiger Wanderer zu bleiben.

Wir brauchen unser Zuhause aus demselben Grund, aus dem wir das Schreiben brauchen. Herkömmliche Erfahrung reicht niemals aus. Denn es genügt einfach nicht, die Welt so wahrzunehmen, wie sie ist, und uns an sie zu schmiegen, indem wir unsere Silhouette an ihre Oberfläche anpassen. Wir müssen aus ihrer und unserer Realität eine Vision schöpfen, eine Mischung aus Farben, Klängen, Gerüchen und Emotionen. Wir können die Welt nicht in ihrer Reinheit bewohnen, indem wir den Platz suchen, der am wenigsten Raum beansprucht. Denn die Welt zu bewohnen heißt, ihre Struktur zu verändern, um selbst zur Schrift des Planeten zu werden.

Eine uralte Illusion verleitet uns dazu, das Zuhause und die Dinge um uns herum als Bestandteile der Welt anzusehen. Sein Inneres scheint sich nicht groß von dem zu unterscheiden, was man anderswo findet: Stein, Stahl, Glas, Holz und die anderen chemischen Elemente, aus denen die Welt besteht, fügen sich zu den immer gleichen banalen Gegenständen zusammen, wie es sie überall gibt. Selbst die Menschen, die in einem Zuhause leben, könnten ebenso gut ein anderes bewohnen. Ein tiefes urbanes und ökologisches Verantwortungsbewusstsein treibt uns dazu, die Verbundenheit unserer Behausungen mit ihrer Umgebung zu unterstreichen. Wenn das jedoch wirklich der Fall wäre, wenn ein Zuhause aus derselben Substanz wie die Welt bestünde, die Dinge innerhalb wirklich dieselben wären wie außerhalb, die Zeit überall dieselbe Qualität hätte und das Leben innerhalb unserer vier Wände mit dem Leben außerhalb identisch wäre, dann bräuchten wir kein Zuhause.

Dabei spielen äußere Form, Stil, Größe oder Material keine Rolle. Es ist unerheblich, ob es sich um ein Zelt, eine Hütte oder einen Prachtbau aus dem 17. Jahrhundert handelt. Auch die einzelnen Gründe, warum wir ein Zuhause haben, sind nicht von Bedeutung. Denn es ist gleichgültig, ob wir nun einen Ort wollen, an dem wir uns vor dem Wetter schützen, unsere Besitztümer ansammeln oder Vertrautheit mit unseren Lieben herstellen können. Tatsächlich bauen wir Häuser, um nicht nur die physischen, klimatischen, biologischen oder ökologischen, sondern auch und vor allem die psychischen und spirituellen Ketten einer kontinuierlichen Realität zu sprengen. Das Zuhause soll die Realität jedoch nicht unterbrechen, sondern ihr in einem Akt des Willens eine andere, zusätzliche Raumzeit hinzufügen.

Fenster, Trompe-l'œil, Gärten und Fundamente können die Tatsache zwar abmildern, dass ein Zuhause der weltlichen Meteorologie ein anderes, persönliches Klima entgegensetzt, aber nicht aufheben. Zuhause herrschen ein anderes Licht und eine andere Luftfeuchtigkeit, aber auch eine andere Liebe, andere Stimmungen und eine andere Zeit, die sich nicht nach dem Kalender der Stadt richtet. Zuhause tun wir ganz andere Dinge als draußen unter freiem Himmel. Und das ist keine Frage der Scham. Vielmehr verwechseln wir Vielfalt und Isolation und verwandeln eine kosmische Autonomie in den kleinbürgerlichen Wunsch, uns sozial und psychologisch von anderen zu unterscheiden. Dieses Anderssein lässt sich nicht auf den Gegensatz zwischen Innen und Außen reduzieren. Die Ähnlichkeiten sollten uns nicht täuschen. Jedes Zuhause ist eine Höhle, deren Raumzeit niemals Teil des Planeten sein wird. Es ist wie ein Loch, das in die Welt gestanzt wurde und in nichts mit seiner Umgebung übereinstimmt. Es unterbricht jeden Fluss und jedes Ökosystem, denn es ist ein fremdes, aufgepfropftes Element, das sich zwar von seiner Umgebung ernährt, sich aber nicht mit ihr verbindet.

Jedes Zuhause ist ein Akt kosmischer Chirurgie, eine Alien-Invasion, die exterritoriale Taschen auf dem Planeten erzeugt. Es ist ein Vulkan, der in der alternativen Raumzeit einer nichtirdischen Realität ausbricht. Das macht das Zuhause zu einem außerirdischen Ort, denn es nimmt sich den benötigten Raum nicht von der Erde, sondern von einem unbestimmten Ort. Aus planetarer Perspektive betrachtet, ist das Zuhause das wahre Draußen. Beim Schreiben bringen wir Elemente ein, die sich nicht aus unserem persönlichen Kontext oder unseren tatsächlichen Erfahrungen ableiten oder vorhersagen lassen. Genauso bringen wir beim Leben etwas in den geografischen und ökologischen Kontext ein, das sich weder vorhersagen noch aus der Umgebung ableiten lässt. So wie ein Bienenstock Honig absondert, sondert jedes Zuhause eine unterschiedliche Erfahrung ab. Es ist ein umgekehrter Vulkan, der vom Himmel in Richtung Erde ausbricht. Ein kosmischer Vulkan, der himmlische Lava und eine Raumzeit auf die Erde schleudert, die nichts mit der umgebenden Raumzeit zu tun hat.

Umgekehrt kommt das Betreten eines Zuhauses – ganz gleich, wie arm oder reich – stets einer Reise durch Raum und Zeit gleich. Es ist eine intergalaktische Reise, die uns in eine andere Atmosphäre, ein anderes Ökosystem, eine andere Zeit und zu anderen Menschen führt. Ein Schwarzes Loch, ein unergründliches Geheimnis. Deshalb ist die Annahme lächerlich, das Zuhause könne irgendeine Form von Autochthonie repräsentieren. Sobald wir ein Zuhause betreten, werden wir zu planetaren Migranten, zu Touristen der psychedelischen Erfahrungen anderer.

Die Reise in die Seelen der Bewohnerinnen führt weit weg von der Stadt, die das Zuhause umgibt. Es ist nicht seine Verortung, die das Zuhause zum Zuhause macht. Vielmehr ist es die Gesamtheit aller Zuhause, ihre Emanation und ihr Echo, die die Identität eines Ortes bestimmt.

Das Zuhause hat etwas zutiefst anti-räumliches an sich. Darum ist es auch so gefährlich für die Stadt, die Natur und die Erde. Es ist eine anti-geografische Kraft, eine Strömung der geografischen Unwirklichkeit. Es ist jedoch kein Trugbild, das ein anderes Bild von der Realität auf den Stein projiziert, so wie es die Stadt tut. Das Zuhause muss eine andere Welt errichten.

Zusammenfassend könnte man sagen, dass der jeder Behausung zugrunde liegende Vorgang die Verwandlung von Raum in einen Ort ist. Dank des Zuhauses entsteht in der gleichmäßigen Verteilung der Materie etwas anderes, so wie dank des Wortes in einem winzigen Fragment der Materie (Stimme oder Seite) eine fremde Realität entsteht, die nichts mit dem Wort zu tun hat. Das Zuhause ist das willkürliche Beharren eines Anderswo und eine Reise vor Ort: Es ist autonom, so wie die Bedeutung in Bezug auf den Signifikanten willkürlich und autonom ist. Es ist eine kosmische Form des Schreibens mit der Haut, dem Fleisch, den Knochen und dem Haar des Planeten. Jedes Mal, wenn wir – und alle anderen Lebewesen – Behausungen bauen, verwandelt sich ein Teil der Erde in psychedelische Substanz. Honig.

SOZIALE MEDIEN

Jedes von Menschen gemachte Objekt ist eine Erweiterung des Wunsches, sich ein Zuhause zu erschaffen und die Welt so zu verändern, dass man sie bewohnen kann. Jedes Mal, wenn wir die Materie manipulieren, versuchen wir, den Planeten zu zähmen, ihn in unser Zuhause zu verwandeln und uns gleichzeitig von ihm zähmen zu lassen. Und bei keinem anderen Artefakt ist dieser Wunsch nach einem Zuhause so offenkundig wie bei den sozialen Medien. Seit den 1950er-Jahren sind mit Kühlschrank, Waschmaschine, Fernseher und Computer immer neue »Haushaltsgeräte« in unser Zuhause eingedrungen, Maschinen, die unser häusliches Leben massiv verändert und ihm eine neue Art von Energie verliehen haben. Das ist vielleicht der Grund, warum das Zuhause zum Vorbild für den digitalen Raum geworden ist. Obwohl wir es kaum wahrnehmen, sind Plattformen wie Facebook oder Instagram Erweiterungen und Projektionen des häuslichen Raums. Sie sind im wahrsten Sinne des Wortes verzerrte utopische Bilder eines neuen Denkens über den häuslichen Gemeinsinn. Es ist natürlich ein widersinniges Zuhause, denn wie Kleidung folgt es uns zwar überallhin, aber wir müssen es nicht auf unserer Haut tragen. Wir müssen nur den Laptop aufklappen oder das Mobiltelefon in die Hand nehmen und ein paar Zeichen eintippen. Es ist beinahe so, als hätten wir das gute alte Fotoalbum in einen realen, bewohnbaren Raum verwandelt. Anders als Familienalben blickt dieses riesige »Buch der Gesichter« jedoch nicht in die Vergangenheit, sondern in die Gegenwart. Und während die Fotoalben eine bereits existierende Familie porträtierten, können wir mit Hilfe dieser audiovisuellen Bibel eine neue, nichtgenealogische Familie erschaffen, indem wir die Gesichter, mit denen wir unsere Privatsphäre teilen wollen, aus einem Katalog auswählen, der das menschliche Wesen in seiner Gesamtheit repräsentiert. Es ist eine Art tragbares Paradies, in dem sich jeder seinen Adam oder seine Eva aussuchen kann. In dieser Welt gibt es weder Städte noch Staaten. Dieses neue, planetenweite Zuhause ist ein riesiger Hofstaat, in dem jeder zugleich Königin oder König und Höfling ist. Die Gemeinschaft entsteht nicht durch die Verankerung der Beteiligten an einem bestimmten Ort, denn Geografie ist nicht mehr real. Es gibt keine Französinnen, Italienerinnen, Japanerinnen oder Brasilianerinnen mehr.

Das Zuhause der Gesichter kennt nur ein einziges soziales Band, nämlich die von allen genealogischen Bindungen unabhängige Freundschaft. Damit sind Frieden und Harmonie jedoch keineswegs garantiert, denn die Anonymität und Heimlichkeit einer Großstadt kann es unter Freunden nicht geben, wenn alle sich kennen, im Auge behalten und wie auf einem Königshof gegenseitig beurteilen. Es ist anstrengend, ein guter Höfling zu sein, denn dazu muss man so tun können, als sei man etwas, das man nicht ist, und darf nicht zu viel von dem offenbaren, was man sein will. Diese Fähigkeit bezeichnete man früher als »Sprezzatura«.

Das Zuhause der Freunde, das wir im digitalen Raum erschaffen haben, scheint die Vorwegnahme einer Welt zu sein, die noch gar nicht existiert. Facebook, Instagram und WhatsApp verkörpern eine Art virtuelles Koinobitentum, denn sie ermöglichen Hunderten oder Tausenden von Menschen einen engen audiovisuellen Kontakt. Und dazu bedarf es weder einer Stadt noch der vier Wände, die wir unser Zuhause nennen. Dank dieser neuen »Haushaltsgeräte« ähnelt das Zuhause, das uns die Nähe zu Dingen und Menschen ermöglicht, viel mehr den Phalansterien Fouriers als den bürgerlichen Vorstellungen, auf denen unsere Städte beruhen. Durch sie leben wir in zwei ineinander verschachtelten Wohnräumen, die nicht voneinander zu unterscheiden sind, aber aus zwei verschiedenen Epochen zu stammen scheinen. Während der eine auf die Zukunft ausgerichtet ist, mauert der andere die Vergangenheit förmlich ein.

Durch den Kontrast dieser Formen und Arten unserer Existenz entlarvt das neue digitale Zuhause unsere steinernen Behausungen als seltsame Zeitmaschinen oder riesige Brutkästen, die uns Nacht für Nacht in eine ferne Epoche versetzen. Wenn man die Haustür öffnet, dreht man an den Zeigern der Uhr, zählt die Jahre rückwärts und findet sich unversehens im 19. Jahrhundert wieder. Der riesige, internationale Freundschaftsraum des Hofstaates der Gesichter verwandelt sich wie Aschenputtels Kutsche in die mineralischen Gefängnisse unserer Einsamkeit. Im Vergleich zu diesem erträumten Zuhause, das wir mit digitaler Hilfe bewohnen, wirken unsere Behausungen wie veraltete Maschinen, große Hohlquader, die das Leben nach bestimmten Funktionen ordnen. Im häuslichen Raum bemühen wir uns, nach den sozialen Regeln und Bräuchen der Vergangenheit zu leben, wobei wir mehrheitlich zwischen klösterlicher Einsamkeit und Kernfamilie (Vater-Mutter-Kinder) oszillieren. Die Gemeinschaft und das Teilen der eigenen Privatsphäre mit Freunden auf der ganzen Welt werden zu einem simplen Traum. Verglichen damit erscheinen unsere Behausungen eher wie Vorrichtungen zur psychischen Distanzierung, denn sie schließen alle Körper aus, die nicht unserer genealogischen Familie angehören. Während der Pandemie habe ich mich oft gefragt, wie unser Leben wohl verlaufen wäre, wenn das Virus nicht nur unsere Städte, sondern auch unsere Häuser unzugänglich gemacht hätte. Was wäre passiert, wenn wir unsere Häuser hätten verlassen müssen und allesamt obdachlos geworden wären? Hätten wir uns in diesem Fall gestattet, dem Faden der Freundschaft und Liebe zu folgen und unser Zusammenleben völlig neu zu organisieren? Können wir uns häusliche Realitäten vorstellen und erschaffen, die nicht auf Verwandtschaft oder Einsamkeit basieren?

Der Hofstaat der Gesichter ist nur einer von unzähligen digitalen Korridoren, die unsere Behausungen miteinander verbinden und die Stadt dabei außen vor lassen. Um unser steinernes Zuhause wie diese Korridore zu organisieren, müssen wir zunächst jedoch den radikalen Zweckwandel verstehen, den die uns umgebende Technologie durchgemacht hat. Früher diente sie noch ausschließlich der Ausführung physischer Verrichtungen, doch inzwischen besteht ihre Aufgabe nicht zuletzt in der Ausdehnung und Vervielfachung der menschlichen Psyche. Die Vorherrschaft der Metapher und des kognitiven oder kybernetischen Vokabulars, das uns nur von Gehirn, Intelligenz und Denken sprechen ließ, hat allerdings dafür gesorgt, dass diese Entwicklung bislang falsch interpretiert wurde. Wir sind grobe Unterteilungen gewöhnt, trennen Psyche und Intelligenz voneinander und erachten das Gehirn als Sitz der Letzteren. Deshalb halten wir Computer und Mobiltelefone auch für Erweiterungen unseres Gehirns und nicht für eine Verstärkung unserer psychischen Existenz.

Doch in den letzten einhundert Jahren hat sich viel getan. Traditionelle Maschinen basieren auf der Nachahmung eines physischen Organismus. Nach Ernst Kapp ist jede Maschine die Übertragung eines menschlichen Körperorgans auf ein Artefakt. Die neuen Maschinen hingegen basieren auf der Nachahmung der menschlichen Psyche, ganz gleich, ob es sich nun um Intelligenz, Berechnung, Vorstellungskraft oder Gefühle handelt. Fotografie, Kino, Computer und vor allem Smartphones sind zu Projektionsflächen geworden, die es der menschlichen Psyche erlauben, aus Bewusstsein und Körper herauszutreten. Traditionelle Maschinen erwecken eine lebenden Körpern eigene, subjektiv ausgeübte Kraft jenseits dieser Körper zum Leben und richten sie auf ein Ziel aus. Die neuen Maschinen hingegen lassen die Seele außerhalb von uns existieren, machen das psychische Leben zu etwas, das nicht nur den menschlichen Körper, sondern jeden beliebigen Gegenstand bewohnen und vor allem jederzeit zum Leben erwachen kann.

Die Entwicklung dieser neuen Technologien ist das Ergebnis eines tiefsitzenden anthropologischen, moralischen und politischen Bedürfnisses. Computer, Mobiltelefone und kollektive Plattformen zur Erzeugung von Vertrautheit sind nicht zufällig entstanden, sondern bewusste Schöpfungen, die dem *Kunstwollen*, einem genau umrissenen künstlerischen und anthropologischen Wollen entspringen. Tatsächlich sind alle diese Maschinen symbolische Formen, die auf moralische Erfordernisse, nämlich die Konstruktion des Subjekts reagieren.

Friedrich Schiller hat gezeigt, dass sich Subjektivität weder als reine Erkenntnis noch als Willensakt kultivieren lässt. Sie existiert im Zwischenraum des Spiels und der Kunst, wo Wissen, Wille, Wissenschaft und Moral ineinander übergehen. Deshalb ist die Kunst nicht nur der Raum für die Erschaffung des Schönen und Dekorativen oder der Ausdruck eines nichtnormativen Gemeinsamen, wie bei Kant, sondern auch das bevorzugte Labor für die Erfindung des Subjekts.

Literatur und bildende Kunst brauchten fast ein Jahrhundert, um unser Ich zu erfinden und seine Strukturen in Romanen und Kunstwerken sichtbar zu machen, mit deren Hilfe wir unsere Psyche und unser Gefühlsleben verstehen konnten. Während des 20. Jahrhunderts war das Ich zugleich der Ort und das Mittel, an und mit dem wir uns auf epiphanische, also augenblickliche und nicht planbare Weise, als Bestandteil eines mentalen Flusses erfahren konnten, der älter ist als unsere bewussten Erinnerungen und auch über unsere Persönlichkeit hinausreicht. James Joyces *Ulysses*, Virginia Woolfs *Mrs. Dalloway*, Marcel Prousts *Auf der Suche nach der verlorenen Zeit* und Jackson Pollocks Action Painting ermöglichten es dem Ich, sich auf diese Weise zu strukturieren.

Nachdem die Künste jahrhundertelang unser Ich geformt hatten, wurde diese Aufgabe vor etwas weniger als zwei Jahrzehnten von den sozialen Medien übernommen, deren symbolische Formen, hybrider und schmuddeliger, aber auch universeller und radikaler sind als alles, was die Kunst zu leisten vermag. Sie sind eine Art kollektiver Roman unter freiem Himmel, in dem jeder zugleich Autor, Romanfigur und Leser seiner eigenen Verflechtung mit dem Leben der anderen ist. Das macht sie zu einer erweiterten Form der Literatur, denn die Kluft, die

Romanfiguren einst von Autoren und Lesern trennte, besteht nicht mehr. Als Folge davon sind Realität und Fiktion nun keine Gegensätze mehr.

Vor einigen Jahren schrieb Josefina Ludmer über den gegenwärtigen Zustand der Literatur, dass die Fiktion nicht länger »eine spezifische Gattung oder ein spezifisches Phänomen ist, sondern sich unentwirrbar mit der Wirklichkeit vermischt hat«. Das Problem ist aber nicht nur, dass sich »Fiktion und Realität vermischen«. Tatsächlich verändert »das neue System den Status der Fiktion und den Begriff der Literatur selbst«, denn »die Literatur absorbiert die Mimesis der Vergangenheit, um Gegenwart und Realität zu erschaffen«. Das macht die Realität selbst zum Artefakt. Ludmer spricht in diesem Zusammenhang von »postautonomer Literatur«, einer Literatur mithin, die nicht mehr Kunst produziert – also einen dem Gebrauch und dem Leben entzogenen Wirklichkeitsraum –, sondern selbst zur »Wirklichkeitsfabrik« wird. Die neuen, nicht mehr auf das Wort beschränkten Medien haben es der Literatur ermöglicht, sich in diesen Raum zu verwandeln. Denn es handelt sich nicht mehr um begrenzte, elitäre Praktiken, sondern um einen kollektiven Akt der Existenz und die Erschaffung eines Zuhauses, das sich nicht mehr an Vorgaben aus der Vergangenheit orientiert.

In den neuen Medien muss man sich verstellen und seine eigene, emotionale Realität entwerfen, um sie leben zu können. Darum sind Autor und Figur auch nicht mehr voneinander zu unterscheiden. Denn nur, wenn man zu einer fiktiven Figur wird, erhält man den Status eines Autors, und nicht umgekehrt. Autor zu sein bedeutet heute, ausschließlich über die literarische Fiktion Zugang zur eigenen Realität zu haben. Es handelt sich um eine erweiterte Form der Literatur, weil sich das Medium, auf dem sie stattfindet, nicht allein auf Worte beschränkt, sondern mittels verschiedener Träger versucht, die Erfahrung so weit wie nur möglich zu reproduzieren. Und sie ist umfassend, denn im Vergleich zu den traditionellen Künsten kann sie auf eine wirklich beeindruckende Zahl von Nutzerinnen verweisen. Im Grunde ist in den neuen Medien die alte Forderung der Avantgardisten verwirklicht worden, die Kunst mit dem Leben zu verbinden. Deshalb haben sich die neuen Kunstformen auch das Zuhause zum Vorbild genommen, sind in den häuslichen Raum eingedrungen, haben ihn infiziert und von innen heraus verändert. Sie sind nicht nur zu unserem neuen Zuhause geworden, einem Ort, durch den wir die soziale und menschliche Welt bewohnbar machen, sondern sie sind auch das visuelle und literarische Mittel, durch das wir überall zuhause sein können.

Zugleich sind Facebook und Instagram jedoch Paradoxien, denn sie verkörpern eine Realität, die interpretiert, inszeniert und zur Fiktion werden muss, um realer zu sein, als sie ist. Außerdem dient die Fiktion, die sie repräsentieren, nicht dazu, uns mit Hilfe der Vorstellungskraft an andere Orte, in unbekannte Welten oder in ein anderes Leben zu entführen. Vielmehr soll sie es uns ermöglichen, so weit wie möglich mit uns selbst übereinzustimmen, mit dem, was wir sind. Das Leben wird zur Autofiktion, durch die man wird, was man ist. Das Subjekt ist der Hüter dieses Paradoxons. Einerseits ist es der Dramaturg eines realen Lebens, dessen Inszenierung vor aller Augen mit der Welt übereinstimmt. Andererseits ist es der Interpret seiner eigenen Existenz, eines Lebens, das von anderen geschrieben und komponiert wurde.

Wenn das Leben zum ästhetischen Konstrukt wird, kann alles, worauf sich unsere Erfahrung gründet, durch das Bild dieses Lebens manipuliert werden. Das Objekt unterscheidet sich nicht mehr von seiner Darstellung. Deshalb muss diese neue Literatur alle Medien besetzen und sie miteinander vermischen, so wie alle Dinge ihre visuelle, taktile, olfaktorische und rationale Identität vermischen. Auch die räumliche Trennung entfällt. Denn um uns einer Sache bewusst zu werden, müssen wir nicht ihr Bild von der Welt trennen, sondern der Welt das Bewusstsein überstülpen. Wir müssen unser Bewusstsein in die Welt tragen und nicht die Welt in unser Bewusstsein.

Die Camera obscura ist nicht mehr als Metapher für das Bewusstsein geeignet, denn es ist jetzt ein Freilichtgemälde, ein Bild im Bild. Erfahrung ist zu etwas geworden, das außerhalb von uns stattfindet, denn dank dieses neuen Zuhauses sind Welt und Psyche eins. Unser Seelenleben spielt sich nicht mehr nur im Inneren ab, denn wir haben erkannt, dass wir nicht nur durch die Schrift oder das Kino außerhalb von uns selbst leben können.

Mit Hilfe dieser psychomimetischen Maschinen arbeiten wir gemeinsam an der Erschaffung einer neuen »Weltseele«, einer Art kollektiven Psyche, der jeder Mensch nur insoweit unterworfen ist, als er mit seiner Persönlichkeit in ihr enthalten ist. Das Bewusstsein ist nur ein Vehikel, ein Werkzeug, mit dessen Hilfe wir Emotionen, Wissen und Wahrnehmungen an einen anderen Ort transferieren können. Das Bewusstsein ist übertragbar und ansteckend wie ein Virus. Vor allem aber verändern wir durch diese Maschinen die Natur der Welt, die für uns nun selbst zu einer psychischen Tatsache wird. Sie besteht nun nicht mehr aus Ereignissen, sondern aus einer diffusen Psyche, einem Bewusstsein, in das wir alle eingetaucht sind.

Die Psyche ist zur Welt geworden, und die Welt ist bereits vor ihrer Materiewerdung eine psychische Tatsache. Sie ist nicht nur kognitiv, sondern auch psychisch und dämonisch, was der Grund dafür ist, dass sich das Ich wie ein Virus zu vermehren scheint. Es ist aber nicht bloßer Narzissmus. Die kollektive Psyche ist nicht länger transzendent und ahistorisch (die »Archetypen« C. G. Jungs), sondern ein formbares Gebilde, und gerade deshalb ebenso poetisch wie ästhetisch. Ob und wie man ihr beitritt, ist Geschmackssache.

Der Gegensatz zwischen diesen beiden Erfahrungen von Häuslichkeit muss aufgehoben werden. Die große Herausforderung der Zukunft besteht darin, diesen psychischen Wandel der Welt zu begreifen, denn unsere individuellen und kollektiven Seelen liegen jetzt offen vor uns. Alles wird davon abhängen, welche Form wir dieser neuen kollektiven Seelenwelt geben, deren Drehbuchautorinnen und Darsteller wir allesamt sind und sein werden.

Mit Hilfe der psychomorphen Maschinen konnten wir die Mauern niederreißen, die nicht nur Nationen und Kontinente, sondern auch die Zuhause der Menschen trennten. Wir haben einen psychischen Ort des Teilens geschaffen, der jenseits des Öffentlichen und Privaten und all seiner Gegensätze liegt. Dank der psychomorphen Maschinen hat sich das Zuhause seiner räumlichen und geografischen Fesseln entledigt. Es hat sich von der Stadt gelöst und sie zugleich verinnerlicht, um planetare Ausmaße anzunehmen. Dies sind natürlich ungeschickte und oftmals groteske Vorwegnahmen. Aber was möglich geworden ist, kann nicht mehr vergessen werden. Vielleicht ist es an der Zeit, die Geografie an diese neue Ordnung anzupassen und den Planeten jenseits der Städte und Nationen in ein mobiles Schachbrett der Intimität zu verwandeln.

ZIMMER UND KORRIDORE

Meine Kindheit war von Angst geprägt. Sie war nicht ständig da, wirkte aber umso stärker, je seltener sie auftrat. Sie überkam mich in den seltsamsten und unpassendsten Momenten und ließ sich auch nicht vorhersehen. Denn sie konnte in ganz zwanglosen Situationen auftreten und das kindliche Urvertrauen in der Welt in seinen Grundfesten erschüttern, ohne dass im Vorfeld auch nur das Geringste darauf hingedeutet hätte. Unberechenbar machte die Angst, dass sie aus der Ferne wie jede andere Emotion wirkte. Sie nahm sich aus wie eine schrille, nervöse Schwester des Glücks, das ich normalerweise empfand, oder kam als süßere Version der Melancholie daher, in die ich mich so gerne versenkte.

Das machte es mir unmöglich, mich auf die Angst einzustellen oder sie auch nur zu erkennen. Das galt selbst für meine intensivste und offenkundigste Angst, nämlich die Angst vor der Dunkelheit. In diesem Fall kam sie in der Verkleidung von Stolz und Zuversicht und verbarg sich hinter der Gewissheit, dass ich den langen Korridor vom Esszimmer in mein Zimmer durchqueren würde, ohne in Panik zu geraten oder mein Tempo beschleunigen zu müssen. Die Angst war damals das gemeinste aller Gefühle für mich, denn es hatte unzählige Masken und schien überall hineinschlüpfen zu können. Dieser Karneval der Gefühle war jedoch keine fröhliche Veranstaltung, denn die Maske pflegte plötzlich und unerwartet zu fallen, woraufhin sich der schöne Schein in puren Schrecken verwandelte. Ein ungeheurer Schmerz erfasste mich, vergleichbar mit der Kränkung, gleich zweimal verraten worden zu sein. Was mich lähmte und erschütterte, war gar nicht so sehr das Entsetzen darüber, dass sich die Welt unversehens in einen beunruhigenden und bedrohlichen Ort verwandelt hatte. Vielmehr verstand ich einfach nicht und wollte es auch nicht wahrhaben, dass mein eigenes Ich ein Ort der Unkenntlichkeit war. Ich mochte nicht zugeben, dass das Gespenst, von dem ich fürchtete, dass es irgendwo in der Dunkelheit des Korridors auf mich lauerte, mein eigenes Ich, meine eigene Seele war.

Ich hatte lange Angst vor diesem Korridor, denn er hatte keine Fenster und auch sonst nichts, was ihn irgendwie wohnlich gemacht hätte. Es gab nur die Haustür als fadenscheiniges Bollwerk gegen die Nacht, die für mich als Kind eine Welt voller Gespenster und metamorpher Kreaturen war. Tagsüber war die Haustür stets unverschlossen, weil meine Mutter wollte, dass jeder eintreten konnte, ohne klingeln zu müssen.

Aber Flure machten mir nicht nur zuhause Angst, denn es sind ganz generell raue, dunkle Räume ohne Identität. Sie haben nicht den Komfort eines Kinderzimmers, das ein Teenager in seinen zweiten Körper verwandeln kann. Ihnen fehlt die Gemütlichkeit eines Wohnzimmers, und sie sind weder ein geeigneter Ort für Liebende noch für das gemeinsame Einnehmen von Mahlzeiten. Es sind Räume des Wandels und des Übergangs, die im Gegensatz zur alchemistischen Bricolage der Küchen und Badezimmer nicht die Möglichkeit zur Veränderung von Materie und Geist bieten. In Korridoren hält man sich nicht auf, denn sie dienen dazu, von einem Ort an den anderen zu gelangen und uns selbst zu verändern. In Fluren haben für ein Zuhause so wichtige Verben wie wohnen, bleiben und verweilen keinerlei Bedeutung, denn sie sind einfach nicht für den Aufenthalt gedacht. Es sind Maschinen, die das Leben zu den unterschiedlichsten Formen der Bewegung verpflichten.

Lange Zeit fürchtete ich, nichts weiter als ein langer Korridor zu sein, ein leerer Raum, in dem es nichts wirklich Eigenes oder Vertrautes gab. Ich fürchtete, ein dunkler, windiger Ort zu sein, an dem alle vorübergingen, ohne sich zu erinnern oder Erinnerungen zu hinterlassen. Ich fürchtete, ein Ort zu sein, an dem es keine Fenster gab, sondern nur eine große, fragile Tür. Weil sie nicht richtig schloss, ließ sie die Gespenster der Außenwelt herein und die Geister meines schwierigen Familienlebens heraus.

Erst sehr spät habe ich gelernt, meine Angst vor Korridoren zu überwinden. Dazu brauchte ich keinen Mut, denn gegen Angst ist Mut nicht von Nutzen. Alles, was es braucht, ist die Beharrlichkeit, die Kraft und manchmal auch die Blindheit des Wollens, denn nur der Wille kann die Angst überwinden. Angst ist die Kraft, die uns davon abhält, etwas zu begehren, das lehren uns die Bücher der Alten: Laut Spinoza ist Furcht »der Affekt, welcher den Menschen bestimmt, das nicht zu wollen, was er will, und das zu wollen, was er nicht will, Fürsorge«.

Der Korridor trennte mich vom Kinderzimmer, dem Sehnsuchtsort meiner Kindheit. Ich erinnere mich vor allem an die auratische Ausstrahlung, die von dem großen Korb voller Spielsachen ausging, deren Zusammensetzung sich im Laufe der Zeit veränderte. Unsere Spielzeugautos, Big Jims und Legosteine hatten bisweilen zwar ein paar Macken, aber das hinderte uns nicht daran, sie in unsere Fantasiegeschichten zu integrieren. Die Spielzeuge kamen aus diesem Korb wie aus der Büchse der Pandora. Eines herauszunehmen bedeutete, eine alternative Realität zu entfesseln, die sich hartnäckig der Ordnungsliebe meiner Mutter widersetzte. Auch unsere Betten bezogen mein Bruder und ich in die von uns erschaffenen Welten ein. Man konnte sie wie ein Etagenbett übereinander-, aber auch nebeneinanderstellen. Bis tief in die Nacht hinein waren sie nicht Ruhestätten, sondern Spielplätze, auf denen wir uns surreale Radio- oder Fernsehsendungen ausdachten, um Episoden des Tages zu kommentieren. Bis uns irgendwann der Schlaf übermannte und sich die Stille einer langen Unterbrechung auf uns senkte.

Das Bett ist der paradoxeste Gegenstand, den die Menschheit erfunden hat. Wir nutzen es für die unterschiedlichsten Zwecke, verbringen dort Stunden, um zu lesen, zu lieben, mit offenen Augen zu träumen oder einfach nur an die Decke zu starren. Dennoch besteht die wichtigste Aufgabe des Bettes darin, die Phasen unserer geistigen Abwesenheit zu ermöglichen und zu behüten. Die Rede ist natürlich vom sich täglich wiederholenden Schauspiel des Schlafes, unserer regelmäßigen Flucht aus der Realität. In diesen Stunden, in denen unser Körper wenig mehr als ein abgelegtes Kleidungsstück ist, hören wir gewissermaßen auf zu existieren – für andere, aber auch für uns selbst. Wir sind abwesend, verlassen die gemeinsame Welt, um für einige Stunden anders und woanders zu leben. Es fällt uns schwer zu sagen, was genau in dieser Zeit passiert. Wir nennen diese parallel zur Anwesenheit verlaufende Erfahrung der Abwesenheit einen »Traum« und haben mehr oder weniger lebhafte Erinnerungen daran. Seit Jahrhunderten versuchen wir, aus unseren Träumen zu lernen. Aber in dieser Diskontinuität, die uns tagtäglich aus der Welt und die Welt aus uns verschwinden lässt, liegt etwas Geheimnisvolles und Beunruhigendes. Karl Löwith hat einmal geschrieben, dass sich die Philosophie niemals mit der Tatsache befasst hat, dass die Menschen ein Drittel ihres Lebens schlafend verbringen. Zumindest teilweise hängt dieses Versäumnis mit den urbanen Ursprüngen der Philosophie zusammen.

Wir verbannen den Schlaf ins Schlafzimmer wie das Geschlecht ins Badezimmer. Wir verbergen ihn, schützen ihn vor den Blicken anderer und haben den Schlüssel auf den Grund eines Flusses geworfen, denn er ist das innerste Geheimnis unseres Daseins. Im Grunde wurde jedes Zuhause als Schutzraum um diese zerbrechlichen Momente unseres Bewusstseins herum errichtet, damit wir das Kollabieren unserer Aufmerksamkeit zulassen können. Der Schlaf dient zwar unserer Regeneration und erfrischt uns, doch der Preis dafür ist ein verschüttetes Ich. Das Zuhause ist das Symptom dieser Lücke im psychischen Leben, beseitigt sie aber auch. Es ist eine Garage für die Seele, in der wir uns erlauben können, regelmäßig vor uns selbst zu verschwinden, ein Ort, der uns während eines Zeitraums behütet, an den wir bestenfalls noch vage Erinnerungen haben. Ein schwarzes Loch.

Die eigentliche Bedeutung des Bettes liegt jedoch nicht in dem Umstand, dass wir uns so lange darin aufhalten müssen, sondern in dem, was am Ende dieses Aufenthaltes geschieht. Etwas reißt uns aus dem Schlaf und den Träumen und bringt uns in die Gegenwart zurück. Und anstatt die Kluft zwischen den unterbrochenen Episoden unseres Bewusstseins zu spüren, finden wir dank einer raschen, kaum merklichen Regung zu einer Form von Kontinuität zurück. Diesen gleichsam chirurgischen Eingriff in die menschliche Seele, der uns immer wieder aufs Neue mit dem Vortag verbinden muss, zu dem wir aufgrund der Bewusstseinsunterbrechung den unmittelbaren Kontakt verloren haben, nennen wir »Aufwachen«. Es ist nicht nur eine Frage der Bewahrung von Erinnerungen oder der Gedächtniskontinuität. Es gibt keine Automatismen: Ein unmerklicher Vorgang fügt eigentlich unverbundene Fetzen der Gegenwart zusammen, verdeckt die Lücken und tut so, als hätte es die Abwesenheit nie gegeben. Das Bett ist ein Operationstisch des Psychismus, der verdeutlicht, dass das Ich ein mentaler Flickenteppich ist. Es ist das Ergebnis täglicher Reparaturbemühungen, die uns in Frankensteins Monster verwandeln, ein Wesen mithin, in dem die verschiedenen Bewusstseinsströme vorübergehend zusammenfinden – aber nur bis zum nächsten Riss.

In seiner radikalsten Form ist dieser Vorgang, ist das Erwachen eigentlich überall. Wenn wir ein Bewusstsein haben, dann nur deshalb, weil wir die Einzelteile unserer Erfahrungen immer wieder neu zusammenfügen. Wir erwachen also ständig, in jedem einzelnen Moment. Das macht die Welt zu einem riesigen Bett, in dem wir ununterbrochen versinken und wieder erwachen. Das Zuhause ist die Form des Psychismus, aber er ist überall. Und das Bewusstsein ist wie eine Stoffpuppe, der wir ständig neue Stoffreste hinzufügen.

Anstatt das Bett aus der Perspektive des Wachzustandes zu betrachten – und weiterhin so zu tun, als gäbe es diesen regelmäßigen psychischen Kollaps nicht und als seien die nächtlichen Abstürze des Ichs nur ein Unfall –, sollten wir die Geografie der Seele vom Bett aus neu definieren, angefangen mit dem Aufwachen. Um wahrnehmen, denken und uns etwas vorstellen zu können, müssen wir aufwachen. Dabei handelt es sich nicht um einen spontanen Fluss, sondern um einen verborgenen, nicht wahrnehmbaren Prozess, der das Bewusstsein beständig aufbaut. Jede Anwesenheit in der Welt ist eine Form des Erwachens.

Wir öffnen unsere Augen, und die Welt ist wie ein handelndes Bewusstsein strukturiert, das einen Moment lang nicht das unsere ist. Das Aufwachen ist wie das Einleben in ein bereits vorhandenes Bewusstsein. Nur wenige Sekunden später erkennen wir, dass diese Selbstbewusstheit, dieses Leben, das wir fühlen, unser eigenes ist. Es ist, als würden wir in ein bereits vorhandenes oder waches Ich eintreten, und zwar seit jeher. In unser eigenes Ich. Das Erwachen ist nicht der Übergang von der Nicht-Wahrnehmung zur Wahrnehmung, sondern das intuitive Erfassen eines umfassenden, autonomen Weltbewusstseins, das immer da ist und das wir uns manchmal zu eigen machen können. Die Welt ist immer schon reges, tätiges Bewusstsein.

Deshalb werden beim Erwachen Bewusstsein und Erinnerung eins. Die psychische Operation, die in diesem Moment abläuft, verschmilzt für einen Moment Gegenwart, Vergangenheit und Zukunft. Tatsächlich erleben wir das Paradoxon eines Bewusstseins in Aktion und der Überschneidung des Lernens und Erinnerns von etwas, das wir nie zuvor wahrgenommen haben, und zwar sehr viel häufiger, als wir denken. Jedes Mal, wenn wir jemandem zuhören oder etwas lesen, werden wir uns des Bewusstseins eines anderen Menschen bewusst. Wer immer diese Zeilen liest, versetzt sich für einen Moment buchstäblich in mein Selbstbewusstsein hinein, wird eins mit ihm und weiß nicht mehr, wo mein Ich endet und sein eigenes anfängt.

Es ist die Sprache, die es auf magische Weise jedem Selbstbewusstsein ermöglicht, zum Objekt zu werden und als Objekt zum Selbstbewusstsein anderer. Deshalb ist jeder Akt des Sprechens oder Schreibens zugleich Erwachen und Erinnerung. Während Sie diese Worte lesen, erwacht mein in ihnen niedergeschriebenes Selbstbewusstsein, und Ihre Seele wird zur Erinnerung an den Moment, als ich diese Zeilen schrieb. Jedes Wort verbindet das Erkannte und denjenigen, der erkennt. Deshalb ist jede Apperzeption von Sprache immer auch ein Erwachen.

Durch das Aufwachen verstehen wir, dass diese seltsame Übereinstimmung nicht nur der Wahrnehmung von Sprache, sondern jedem Erkenntnisprozess eigen ist. Wir spüren das Selbstbewusstsein der Welt immer, diffus, äußerst kleinteilig, anonym und sehr persönlich. Bei jedem Erwachen berühren wir eine unendliche Anzahl von vergangenen, gegenwärtigen und zukünftigen Subjekten und werden zugleich von ihnen berührt. So gesehen ist jeder Erkenntnisakt eine Erkenntnis vermittels eines Subjekts. Bei jedem Erwachen nehmen wir das künftige Leben der anderen vorweg und beleben gemeinsam mit ihnen unser eigenes Leben neu oder ermöglichen es umgekehrt dem Wachzustand anderer, anders zu leben. Aus dem Umstand, dass unser Leben ein ständiges Erwachen ist, folgt, dass das Erwachen eine fortwährende psychische Erweiterung und Deviation ist, die psychische Metamorphose der Seele des anderen.

Jedes Erwachen erzeugt eine Kontinuität, die vorher nicht

vorhanden war. Kontinuität ist etwas anderes als Einheit, denn sie ist weder formale Homogenität noch materielle Uniformität, sondern eine Verbindung zwischen verschiedenen, einander ansteckenden Teilen. Die Seele ist Ansteckung und Kommunikation und immer auch die Übertragung eines Erwachens. So gesehen ist die Welt ein fortschreitendes Erwachen, durch das jede Seele sich selbst aus jedem Blickwinkel betrachten kann. Die Aufgabe der Erkenntnis besteht weniger darin, eine Erfahrung auf das Ich zu reduzieren. Vielmehr soll sie für eine Gleichwertigkeit aller Ichs sorgen. Man erwacht erkennend in einem Bewusstsein, das immer das Bewusstsein der anderen war und ist. Erkennen bedeutet nicht nur, mit dem Selbstbewusstsein der anderen übereinzustimmen, sondern auch sich selbst aus dem Blickwinkel anderer zu betrachten. Diese permanente Umkehr der Standpunkte von Subjekt und Objekt erzeugt eine subjektive Äquivalenz zwischen den Ichs. Oder, um es in Begriffen der Erfahrung zu formulieren: Das Universelle ist die im Zuge des Erwachens erfolgende Übertragung aller Erfahrung auf die Erfahrung der anderen. Es ist beinahe so, als würde sich das Bett, von dem aus wir die Welt betrachten, immer mehr ausweiten, um alle Dinge und alle Menschen aufzunehmen.

Anstatt das Bett in unzugänglichen Räumen zu isolieren und weiterhin so zu tun, als sei der allnächtliche Kollaps des Ichs nur ein Unfall, sollten wir lernen, Städte aus dem Blickwinkel dieser psychischen Alternierungs- und Umwandlungsmaschinen neu zu denken und zu gestalten. Die Stadt würde aufhören, ein Ort des Handelns und der Arbeit zu sein, und stattdessen zu einem Ort des Verschwindens und Erwachens werden. Wenn die Arbeit zunehmend aus der Stadt ins Zuhause übersiedelt, müssen wir unsere Betten eben auf die Straßen stellen. Die Stadt würde dann zu einer unendlichen Seele, die niemals aufhört zu verschwinden und bei jedem Erwachen in eine neue Haut schlüpft.

HAUSTIERE

Meine Mutter war immer dagegen, Hunde oder Katzen ins Haus zu holen. So sehr wir Kinder auch bettelten, sie ließ sich nicht erweichen. Sie erlaubte uns nur Kleintiere wie Kanarienvögel, Hamster, Fische und Schildkröten, die man leicht auf engstem Raum halten konnte. Denn sie störten die (ohnehin nicht existierende) Hausordnung nicht und stellten auch nicht den Umstand in Frage, dass unser Zuhause ein rein menschlicher Raum war und als solcher a priori nur für anthropomorphe Wesen geeignet.

Unsere Häuser haben sich mit der Zeit unmerklich in Maschinen verwandelt, die das menschliche Leben vom Leben anderer Arten trennen, was ein freies Zusammenwohnen unmöglich macht. Die wenigen nichtmenschlichen Lebewesen, die in unseren Heimen Aufnahme finden, können über die Furcht vor der Artenvielfalt nicht hinwegtäuschen. Das Zuhause bleibt Ausdruck des Krieges gegen andere Arten oder vielmehr des Krieges aller Arten untereinander.

Die Gründe für die Trennung sind ebenso rätselhaft wie die Ursachen für den Krieg. Mehr noch als die Städte sind unsere Häuser Monokulturen, die jede Form von Artenvielfalt ausmerzen. Das moderne Zuhause steht für einen aktiven Völkermord an allem, was nicht zu unserer Spezies gehört. Es hat beinahe den Anschein, als fürchteten wir, die anderen Lebewesen (mit

Ausnahme von Hunden, Katzen, Amseln oder Mäusen, denen es gelingt, die Schwellen unserer Häuser zu überwinden) könnten unsere Identität in Frage stellen.

In den vergangenen Jahren hat die Philosophie häufiger die Entscheidung des Menschen in Frage gestellt, sich in Häusern und Städten zu isolieren, und stattdessen versucht, das menschliche Leben im Hinblick auf seine Beziehung zur Gesellschaft – nicht biologisch und rein materiell, sondern psychologisch und affektiv – und die Koexistenz mit anderen Arten zu definieren. Donna Haraway hat eines der wichtigsten zeitgenössischen Manifeste zu diesem Thema verfasst. Der Krieg lässt sich jedoch nicht allein durch das Beharren auf der Gemeinschaft beenden. Dazu reicht Moral nicht aus. Es braucht Gerechtigkeit, damit die Kampfhandlungen eingestellt werden. Doch die kann nicht durch freiwillig geänderte Gewohnheiten Einzelner, sondern nur durch eine neue politische Ordnung begründet werden. Ebenso wie wir den Gedanken an ethnische Unterschiede oder Klassenunterschiede bekämpfen, müssen wir auch den Gedanken an die Verschiedenheit verwerfen, den Umstand, dass sich die Arten aufgrund ihres Wesens als unterschiedlich betrachten.

Bereits Platon legte diese Schlussfolgerung in einem seiner bekanntesten Dialoge indirekt nahe. Im *Protagoras* (320 d-322c) schildert er, wie die unsterblichen Götter sterbliche Lebensformen erschaffen wollten und deshalb die beiden Titanen Prometheus und Epimetheus (wörtlich: der Vorausdenkende und der danach Denkende) mit der Aufgabe betrauten, jede Art mit entsprechenden Kräften auszustatten. Epimetheus bat darum, die Verteilung vornehmen zu dürfen. Den einen verlieh er »Stärke ohne Schnelligkeit«, den Schwächeren dagegen Schnelligkeit, den einen gab er Waffen zur Verteidigung, den anderen ermöglichte er anzugreifen, die einen bekamen die Fähigkeit, sich durch ihre geringe Größe zu verbergen, die anderen, sich durch ihre gewaltigen Ausmaße zu retten. Epimetheus strebte bei der Verteilung nach einem Gleichgewicht der Kräfte, um das Aussterben einzelner Arten zu verhindern. Er verteilte auch Hufe und Felle, um die Kälte abzuhalten. Außerdem legte er das Nahrungsverhältnis zwischen den Arten fest, also wer wen fressen durfte, und sorgte bei den Räubern für eine geringere Fortpflanzungsfähigkeit. Erst als alle Kräfte vergeben waren, bemerkte Epimetheus, dass er den Menschen vergessen hatte: »Alle Tierarten waren reichlich mit allem bedacht, während der Mensch nackt, unbeschuht und wehrlos war.«

Eine radikalere Sichtweise ist kaum vorstellbar. Die Artenvielfalt wäre danach das Ergebnis der unklugen Entscheidungen einer inkompetenten Gottheit, die nicht in der Lage war, die Fähigkeiten gerecht zu verteilen. Arten werden nicht nach dem Sein, sondern nach dem Haben definiert. Entscheidend sind Reichtum und Erbe, nicht Qualität und Natur. Ein Eichhörnchen oder eine Eiche, ein Fasan oder ein Streptokokkus, ein Täubling oder ein Papagei zu sein ist nicht etwa das Ergebnis eines Überlebenskampfes, sondern eines Vorganges wie der Aufteilung von Ressourcen unter mehreren Individuen. Die Vielfalt des Lebens hat also keine ontologische Grundlage, sondern ist die Folge einer ungerechten Ökonomie, einer willkürlich erfolgten Verteilung dessen, was von Natur aus niemandem gehören sollte.

In dieser Ökonomie der Vielfalt bleibt die Menschheit bei der Verteilung der Kräfte außen vor, so als sei sie eine Nicht-

Spezies oder bestenfalls das Proletariat des Lebens. Alle anderen Arten definieren sich durch den Besitz einer Fähigkeit, während der Menschheit gar nichts mitgegeben wurde. Das daraus resultierende Ressentiment führt zum Krieg. Gleichzeitig erzeugt eine Art Bovarysme im Menschen den Wunsch, wie andere Arten sein zu wollen.

Prometheus versuchte, die von Epimetheus verschuldete Ungerechtigkeit zu beseitigen, indem er Hephaistos das Feuer und Athene die Weisheit stahl und beides den Menschen überließ, die nun die Fähigkeit besaßen, Materie und Realität zu manipulieren. Der Ausgleich des ursprünglichen Ungleichgewichts erzeugte jedoch nur eine weitere, noch größere Ungleichheit, denn ihre neuen Fähigkeiten ermöglichten es der Menschheit, sich über die anderen Arten zu stellen. Der Gestus, der eigentlich nur eine Ungerechtigkeit beseitigen sollte, hatte einen noch radikaleren Gestus zur Folge. In diesem Mythos stellt die Technologie interessanterweise einen Versuch dar, aus dem abgekarteten Spiel der Arten auszusteigen. Uhren, Computer, Autos, Schränke und Häuser sind der Trick, den wir uns angeeignet haben, um so tun zu können, als seien wir gesunde, normale Tiere, denen wie allen anderen eine Überlebensgabe mitgegeben wurde. Außerdem ist die Technologie letztlich für die Existenz der Religion verantwortlich, denn diese ist der Preis, den der Mensch dafür zahlen muss, dass er seine Unterlegenheit gegenüber anderen Lebewesen überwinden konnte. Auch die Sprache ist eine Folge der Technologie. Sie ist gewissermaßen die Narbe dessen, was der Mensch tun musste, um seine Überlegenheit zu erlangen.

Doch die Technik allein reichte laut Platon nicht aus, um die Menschen vor der Wildheit der Tiere zu schützen. Um uns zu verteidigen, mussten wir außerdem das Wissen erwerben, das uns ein Zusammenleben ermöglicht, die »Staatskunst«. Erst danach begann der Krieg gegen die anderen Lebewesen, denn die Kunst des Krieges ist, so Platon weiter, Teil der Staatskunst.

Die Politik und damit die Stadt stehen in dieser Geschichte für die neue Trennung der Arten. Sie ist die Rache der Menschheit an allen anderen Lebewesen für die von ihr als ungerecht empfundene Aufteilung von Identitäten, Reichtum und Macht. Die Stadt ist zugleich Symbol und materieller Ausdruck dieser Umkehr der artenübergreifenden Ordnung und Hierarchie. Es ist der Kampf Davids gegen die als Goliath empfundene Gemeinschaft aller anderen Lebensformen, ein Kampf, durch den der Unterlegene zum Herrscher wurde.

Dem Teufelskreis des Artenkrieges entkommen wir nur, wenn wir uns bewusst machen, dass alle unsere Identitäten im Grunde nur auf die Bemühungen einer unbedeutenden und leider nicht sonderlich fähigen Gottheit zurückgehen. Wir müssen jedoch mehr tun, als uns vom Gedanken an die vermeintliche Überlegenheit der menschlichen Natur zu verabschieden. Darüber hinaus ist es notwendig, die Natur aller Arten, ja die Existenz dessen in Frage zu stellen, was wir »Arten« nennen. Im Erscheinungsbild aller Lebensformen kommt stets ein Unrecht zum Ausdruck, denn jedes Merkmal, das eine Art ausmacht, hätte ebenso gut auch jeder anderen gehören können. Und umgekehrt hätte jedes Individuum eine andere Form erhalten können und müssen. Wie alle ethnischen oder Klassenidentitäten sind auch biologische Identitäten in erster Linie Ausdruck eines Mangels. An die Stelle der Fügsamkeit, mit der Biologie, Politik, Theologie und auch Ökologie die vermeintliche Evidenz einer ontologischen Trennung der Arten hinnehmen, muss ein weniger tröstlicher Diskurs treten, denn die Identität ist die größte aller Ungerechtigkeiten. Die Ordnung, die eine Art von der anderen trennt und ihre jeweilige Stellung im Geflecht des Lebens festlegt, ist das Ergebnis einer politischen Ungerechtigkeit.

Das neue Zuhause sollte ein Ort sein, an dem Taxonomien keine Geltung haben, damit die biologische Vielfalt nicht länger als Ausrede für den Krieg der Arten herhalten kann. Wir müssen lernen, ein Zuhause zu erschaffen, in dem wir nicht mehr wissen, ob wir nun Menschen, Kanarienvögel, Katzen oder Pflanzen sind. Das Zuhause der Zukunft sollte einem Leben Raum geben, in dem sich die Unterschiede zwischen den Arten auflösen. Für dieses Leben gilt das, was Karl Marx über die Auflösung aller Klassen durch die proletarische Klasse sagt, die »einen universellen Charakter durch ihre universellen Leiden besitzt und kein besonderes Recht in Anspruch nimmt, weil kein besonderes Unrecht, sondern das Unrecht schlechthin an ihr verübt wird«. Dieses Leben geht mit dem vollständigen Verlust jeglicher Identität einher. Und ansatzweise machen wir diese Erfahrung jetzt schon, nämlich immer dann, wenn wir durch das lange Beisammensein mit einem Haustier eine Art affektive und kognitive »Menschlichkeit« erlangen, die über anatomische oder physiologische Unterschiede hinaus allen Arten gemeinsam ist. Wenn es uns gelingt, eine Vertrautheit – also eine häusliche Beziehung – mit irgendeiner Lebensform aufzubauen, wird der biologische Abstand, der uns auf taxonomischer Ebene trennt, so zweitrangig wie eine unterschiedliche Haar- oder Augenfarbe. Es genügt jedoch nicht, einfach die Anzahl der unter einem Dach lebenden Arten zu erhöhen. Vielmehr muss das Zuhause zu einer Sphäre werden, in der wir das Leben befreien können, ohne es in irgendeiner Form zu determinieren. Jede Liebesbeziehung zielt darauf ab, ein ungenanntes Leben zu befreien, das den beiden Liebenden, die es verbindet, auf unbestimmte Weise gehört. Alles gehört allen, Ansprüche verlieren an Bedeutung. Und das gilt ganz unabhängig davon, ob die betreffenden Individuen nun derselben Art angehören oder nicht.

WÄLDER UND GÄRTEN

Bereits nach wenigen Tagen hatte sich meine Sprache verändert. Ich ging nicht mehr nach Hause, sondern kehrte in den Wald zurück. Ich verließ nicht das Haus, sondern den Wald. Die sprachlichen Veränderungen waren allerdings nur oberflächliche Symptome eines tiefer gehenden psychischen Wandels. So führte ich meine Vorliebe für Wolkenkratzer darauf zurück, dass sie es mir erlaubten, das Lebensgefühl der *Hominini* in ihrer ursprünglichen ökologischen Nische, den Baumkronen, nachzuempfinden. Ich glaubte verstanden zu haben, dass mein Körper nicht für das Laufen auf dem Boden, sondern dafür geschaffen war, meine Tage auf den Ästen der Bäume zu verbringen. Es war nicht nur eine Spinnerei, denn das Schlafzimmer hatte ein bodentiefes Fenster, durch das man vor allem die Äste der Bäume sah, die auf dem Balkon des darunter liegenden Geschosses wuchsen. Den Park und die einige hundert Meter entfernt stehenden Hochhäuser konnte man nur durch den Filter ihrer Belaubung sehen. Jeden Morgen, wenn ich aufwachte, hatte ich das Gefühl, meine Augen in einem menschlichen Nest zu öffnen, das zufällig in der Krone eines riesigen Tropenbaumes lag. Der Balkon vor meinem Wohnzimmer war das Zuhause von vier Meter hohen Bäumen, und es war schwer zu sagen, ob ich der Mitbewohner eines Waldes war, der sich auf den mineralischen Strukturen dieses Wohnturmes niedergelassen hatte, oder ob die Bäume meine Mitbewohner waren, die mich wie ein Hund oder eine Katze begleiteten. Ich fragte mich, ob das Leben in dieser Wohnung bedeutete, es Cosimo Piovasco di Rondò – dem Protagonisten von Italo Calvinos *Der Baron auf den Bäumen* – gleichzutun und in den Bäumen zu leben, oder ob die Bäume beschlossen hatten, bei den Menschen zu leben.

Die beiden im Jahr 2015 eingeweihten Bosco Verticale-Türme in Mailand wurden von Stefano Boeri konzipiert, der dafür Ideen von Friedensreich Hundertwasser und Emilio Ambasz aufgriff, sie jedoch auf besonders radikale Weise umsetzte. Die Türme wurden sofort zu architektonischen Ikonen, die in den Niederlanden, in Ägypten, China und Mexiko nachgeahmt wurden. Am meisten beeindruckt hat mich während meiner Zeit dort die Fähigkeit der Türme, die psychische Erfahrung von Stadt und Zuhause zu verändern. Seit Jahrhunderten werden Städte als menschliche Monokulturen angelegt, die unsere Spezies mit Steinen verbindet, wobei sie technisch gesehen die Erde veröden. Mit demselben Gestus hat die Stadt alles, was nichtmenschlicher Natur ist, an ihren Rand zurückgedrängt. Die Römer nannten diesen Bereich *sylva forestis*, also den außerhalb der Stadt oder vor ihren Toren gelegenen Wald. Bei aller Romantik, die wir mit dem Begriff verbinden, war »Wald« auch immer ein Synonym für das Fremde und Unheimliche, mithin für alles, was nicht menschlich ist. Immer wieder hört man die Ansicht, dass diese Wälder die Lösung für unsere Probleme seien, dass es vollkommen ausreiche, die Artenvielfalt in dieser Zuflucht für alles Nichtmenschliche zu erhöhen und die städtischen Monokulturen einfach so zu belassen, wie sie sind. Es ist dieselbe Haltung, die manche Leute dazu veranlasst, angesichts von Migrationsphänomenen sinnlos über ethnische Identitäten zu schwadronieren und zu fordern, dass man den Ausländern doch bei ihnen »Zuhause« helfen solle.

In dieser Wohnung wurde der Gegensatz, der die moderne Architektur und Stadtplanung kennzeichnet, undenkbar. Die Bäume wuchsen nun nicht mehr außerhalb der Stadt, sondern innerhalb des Zuhauses. Ja sie schienen selbst das Zuhause zu sein. Der Wald war nicht länger eine ferne und exotische, sondern eine häusliche Realität. Schon seit den Tagen des Architekturtheoretikers Marc-Antoine Laugier, der sich die erste menschliche Behausung aus zusammengestellten Zweigen bestehend vorstellte, denkt die europäische Moderne über eine Rückkehr zum Waldleben nach. Und das Symbol dieser romantisch verklärten Rückkehr zur Natur war die »Hütte«. Von Henry David Thoreau bis heute erfüllt die Hütte diese paradoxe symbolische Funktion, denn sie verkörpert eine Art Ur-Artefakt. Sie ist ein Haus, das so tut, als sei es nicht gebaut worden. Sie verbirgt ihre Künstlichkeit, um zu einem Trompe-l'œil nichtmenschlicher Natürlichkeit zu werden, so als handle es sich um ein Acheiropoieton der antiken christlichen Theologie. Doch anstatt das Zuhause in den Wald zu bringen, brachten die Bosco Verticale-Türme den Wald ins Zuhause. Anstatt die Natur als etwas zu sehen, das der Geschichte und der Moderne vorausgeht, hat die Moderne sie in das ikonischste ihrer Symbole, den Wolkenkratzer, inkorporiert. Diese Umkehrung fügt sogar der Idee des Waldes noch einen weiteren Aspekt hinzu. Denn wenn der Wald ein Wolkenkratzer ist, macht ihn das zu einem ingenieurstechnischen Faktum, das nichts »Natürliches« mehr an sich hat.

Als häusliches Faktum verändert der Wald die Erfahrung

des Zuhauses auch noch in anderer Hinsicht, denn wegen der Bäume war mein Balkon von Insekten und Vögeln bevölkert, die ich in Mailand noch nie gesehen hatte. Durch diese Öffnung meines Zuhauses für andere Spezies schienen sich die herkömmlichen Konzepte von Wohnraum oder Ökosystem förmlich in Luft aufzulösen. Ich hatte meine Wohnung für Bäume geöffnet, und diese wiederum hatten ihr Zuhause für Vögel und Insekten geöffnet. Die Anwesenheit einer Art verdrängt nicht mehr die anderen. Vielmehr zieht die Ansiedlung einer Art das Auftauchen anderer Arten nach sich und macht das Zuhause damit zu einer artenübergreifenden Einrichtung. Das Zuhause einer Art ist der Körper einer anderen. Das Zuhause ist also immer auch das Zuhause anderer, ein Raum, der bereits von anderen Lebewesen besetzt ist.

Dass ausgerechnet die Neudefinition unserer Beziehung zu Bäumen die Vorstellung vom häuslichen Raum revolutioniert, ist keineswegs ein Zufall. Haus und Stadt waren nicht immer untrennbar miteinander verbunden. Zuhause zu sein bedeutete keineswegs zwingend, sich in einer Stadt aufzuhalten oder eine errichten zu wollen. Oftmals trugen menschliche Behausungen einer nomadischen Lebensweise Rechnung, mussten reisetauglich sein und bestanden deshalb nicht aus Stein, sondern aus tierischen und pflanzlichen Materialien. Es war der Garten, der unser Zuhause in ein städtisches und mineralisches Gebilde verwandelte, das mit einem festen Standort verwachsen ist.

Als die Menschen gezwungen waren, sich an festen Orten niederzulassen, weil sie beschlossen hatten, ihr Schicksal mit Bäumen und mehrjährigen Pflanzen zu verknüpfen, hörten auch die Häuser auf zu wandern und schlugen Wurzeln. In gewissem Sinne stehen städtische Behausungen in ihrer Unbeweglichkeit für eine Art pflanzlichen Bovarysme. Jules de Gaultier erkannte, dass im Verhalten Emmas, der Protagonistin in Flauberts Roman, keineswegs eine pathologische Neigung, sondern ein Wesenszug zum Ausdruck kommt, der tief in der menschlichen Natur verankert ist, nämlich »die Fähigkeit des Menschen, sich anders zu erkennen, als er ist«. Der Mensch ist keine Lebensform unter Lebensformen, keine Spezies unter Spezies. Er ist die Lebensform, die so tun oder glauben kann, dass sie alle anderen ist. Sobald wir unser Zuhause an einem festen Ort einrichten und es im Gewand der Stadt denken, tun wir so, als wären wir Pflanzen, und stellen uns vor, Bäume zu sein. Die Stadt ist eine Ansammlung von menschlichen Individuen, die davon träumen, ein Wald zu sein.

Die These, dass der Garten und damit die Landwirtschaft Haus und Stadt zusammengebracht hat, wird von der Anthropologie schon lange vertreten. Die erste paradigmatische Formulierung in dieser Richtung stammt vom berühmten Archäologen Gordon Childe (1892–1957), der das Aufkommen der Landwirtschaft um das 12. Jahrtausend v. Chr. als »neolithische Revolution« bezeichnete, »die erste Revolution, die die menschliche Ökonomie verändert hat und dem Menschen die Kontrolle über seine eigene Nahrungsversorgung brachte«. »Der Mensch begann«, so Child weiter, »essbare Gräser, Wurzeln und Bäume anzupflanzen, zu kultivieren und durch Selektion zu verbessern. Und es gelang ihm, bestimmte Tierarten zu domestizieren und an sich zu binden, als Gegenleistung für das Futter, den Schutz und die Voraussicht, die er bieten konnte.« Die »urbane Revolution« ist nur eine Folge der Landwirtschaft und der mit ihr einhergehenden Möglichkeit, Lebensmittel an einem Ort zu sammeln und langfristig zu lagern. Die Stadt ist eine Emanation des Gartens.

Wenn wir diese, in jüngerer Zeit von Gilles Clément bekräftigte Einschätzung ernst nehmen, dann ist es die Idee des Zuhauses selbst, die sich verändert. Tatsächlich sind die Häuser, die wir bewohnen, ursprünglich artenübergreifende Vorhaben, denn sie konnten nur dort stehen, wo es auch Bäume und andere Pflanzen gab. Umgekehrt verweisen die Zimmerpflanzen in unseren Wohnungen nicht auf das, was außerhalb der Stadt existiert, sondern sind der Beweis dafür, dass sich unser Zuhause nur deshalb nicht mehr bewegt, weil es in einer Art pflanzlicher Existenz verharrt. Erst die Liebe zu den Pflanzen und die Obsession für Gärten hat es uns ermöglicht, dem Nomadentum zu entsagen und Häuser zu Städten zu agglutinieren. Deshalb stehen Gärten auch nicht im Widerspruch zum Stadtgefüge, sondern sind im Gegenteil sein ursprünglicher Kern.

Nur dank der Pflanzen konnten wir unsere »wilde« Natur ablegen, uns »zivilisieren« und zu Städtern werden. Im Grunde sind es also die Wälder, die uns davor bewahren, Wilde zu sein. In Wahrheit gibt es so etwas wie eine »wilde« Natur jedoch gar nicht, und es hat sie auch nie gegeben. Das Konzept des »Wilden« war das Produkt eines menschenverachtenden, rassistischen Denkens, mit dem die moderne Anthropologie längst aufgeräumt hat, weil es das eigene kulturelle Selbstverständnis auf alles Fremde projizierte. Es ist eine Eigenart von Kulturen, sich anderen Kulturen überlegen zu fühlen, denn jede Kultur neigt dazu, »den Anderen« als Wilden zu betrachten. »Wenn wir irrtümlicherweise glauben«, schrieb Claude Lévi-Strauss in seinem Meisterwerk *Das wilde Denken*, »der

Wilde sei ausschließlich von seinen organischen oder wirtschaftlichen Bedürfnissen beherrscht, so berücksichtigen wir dabei nicht, dass er uns den gleichen Vorwurf macht und dass ihm seine eigene Wissbegier ausgeglichener erscheint als die unsere.«

Wir haben zu denken gelernt, dass es in keiner Kultur eine größere Nähe zur »Natur« gibt und dass keine Kultur an einem »Übermaß an Vermittlung« leidet. Auch können kulturelle Unterschiede niemals als moralische Vollkommenheit gedeutet werden, denn keine Kultur kann das Gute besser erreichen als eine andere.

Doch während Attribute wie »wild« oder »primitiv« im wissenschaftlichen Diskurs über menschliche Kulturen nicht mehr vorkommen, sind sie in den Diskursen über das Nichtmenschliche immer noch sehr präsent. Wir bezeichnen weiterhin alle Bereiche als »wild«, in denen das Leben ganz ohne menschlichen Beitrag sich selbst überlassen ist. Wir definieren jede Lebensform als solche, die ihrem Wohl und den Bedingungen für das Erreichen ihrer Vollkommenheit nahe ist.

Wenn es um nichtmenschliches Leben geht, hat »wild« eine doppelte Bedeutung, wie William Cronon in seiner berühmten Abhandlung *Uncommon Ground: Rethinking the Human Place in Nature* zeigte, mit der er eine lebhafte Debatte anstieß. Cronon zufolge sind die Geschichte dieses Begriffs und die Paradoxa, die er auslöst, mit religiösen und neokolonialen Vorurteilen verbunden. Einerseits speist sich die Vorstellung von der Wildnis (in den Vereinigten Staaten *wilderness* genannt) aus dem Grenzland-Mythos, demzufolge die nordamerikanische Landschaft unbewohnt war, wobei man die Massaker an der indigenen Bevölkerung wohlweißlich unter den

Tisch kehrte. Andererseits hat der negativ besetzte Begriff der Wildnis auch einen Wandel erfahren. Galt sie ursprünglich als dämonischer Ort, an dem jegliche Moral außer Kraft gesetzt war, wurde die Wildnis nun zu etwas erhöht, das eine Begegnung mit dem Göttlichen und damit eine moralische Verbesserung ermöglicht. Der Mythos von einer wilden Natur, der in der Naturparkidee seinen Ausdruck findet, ist somit die Umkehrung des Gründungsmythos des modernen Staates, der die Natur als das ansieht, was Staat und Zivilisation vorausgeht. Die menschliche Gesellschaft soll den Naturzustand ersetzen, korrigieren und überwinden. Im Mythos von der »wilden« Natur hingegen fabuliert die Stadt von einer Außenwelt, die es ihr erlaubt, sich von den Auswüchsen der Zivilisation zu reinigen und ihnen etwas entgegenzusetzen. Wenn das Attribut »wild« anstatt auf menschliche Kulturen auf nicht-menschliche Lebewesen angewendet wird, hat es plötzlich jedoch die entgegengesetzte Funktion. Denn in diesem Kontext ist es nicht herabsetzend, sondern erhöhend gemeint, denn es feiert das, was angeblich ohne Kultur und Technik ist. Die Menschheit mag den anderen Arten zwar technisch überlegen sein, ist ihnen moralisch aber unterlegen, wie man meint. Auch wenn es ihnen an Vernunft – und damit an Kunst und Kultur – mangele, seien Lebewesen im »wilden« Naturzustand doch reiner und authentischer als der Mensch. Nicht-menschliche Lebewesen seien gar nicht dazu in der Lage, falsche Entscheidungen zu treffen, denn sie können sich nicht von dem distanzieren, was gut für sie ist, weil es ihnen an der dafür notwendigen Subjektivität und Freiheit fehlt. Auch wenn die biologische Forschung dank Darwin zu der Einsicht gelangt ist, dass sich der Mensch grundsätzlich nicht von anderen Lebensformen unterscheidet, bleibt das nicht-menschliche Leben in ihren Augen doch weiterhin der ihm eigenen Natur und Vollkommenheit verhaftet. Die Naturgeschichte sei nicht moralisch bedingt. Evolutionäre, auf Wettbewerb beruhende Mechanismen würden notwendigerweise lokalen und globalen Nutzen erzeugen, indem sie zum Besten für das Leben insgesamt die »Besten« jeder Art fördern.

Es ist natürlich unvorstellbar, dass nicht-menschliches Leben falsche Entscheidungen trifft. Und es ist ebenso unvorstellbar, dass es Fehler, Missverständnisse und Katastrophen gibt, die durch den »Leichtsinn« nicht-menschlicher Arten verursacht werden. Es gäbe, so meint man, eine teleologische Ordnung, die es dem nicht-menschlichen Leben ermöglicht, automatisch und unbewusst das eigene Wohl und die Vollkommenheit zu erreichen. So gesehen stellt die jedem evolutionären Prozess innewohnende Nützlichkeitslogik eine Form der Rationalität dar, die der menschlichen moralisch überlegen ist und es nicht-menschlichen Gemeinschaften erlaubt, auf historische Kontingenz, die Ausbildung einer Zivilisation oder die Anhäufung und Weitergabe von Wissen zu verzichten. Es ist dieses theologisch angehauchte Vorurteil, das dem gesamten Diskurs über das »Wilde« als der moralisch besseren Ordnung zugrunde liegt, die der künstlich erschaffenen politischen Ordnung der Menschen gewissermaßen von Natur aus überlegen ist. Dabei ist wissenschaftlich gar nicht nachweisbar, dass nicht-menschliches Leben von sich aus zum eigenen Wohl tendiert und dass die Evolution immer nur Entscheidungen trifft, die zum Besten einer Spezies sind.

Wir können nun sagen, dass es sich beim Menschen letztlich auch nur um eine Tierart handelt, aber das reicht nicht aus, um dieses Vorurteil und das Konzept des Wilden zu überwinden. Vielmehr muss der Tendenz zur Idealisierung des menschlichen und nicht-menschlichen Lebens entgegengewirkt werden. Zwischen allen Arten besteht eine perfekte kognitive und moralische Äquivalenz. Jedes Leben ist moralisch zweifelhaft, denn keines ist von Natur aus ethisch vollkommen. Darum müssen wir alle ein Zuhause erschaffen, und darum ist niemand von selbst auf diesem Planeten zuhause.

Gleichzeitig scheint unsere Beziehung zu den Pflanzen darauf hinzudeuten, dass wir unser Zuhause errichten, indem wir uns mit anderen Arten verbinden. Wir können das eigene Wohl und die Vollkommenheit unserer eigenen spezifischen Identität nicht von selbst erlangen, denn das Schicksal einer jeden Art liegt in den Händen anderer Arten. Alle Arten erschaffen ihr Zuhause aus dem Leben anderer. Der ganze Planet ist ein einziges Neubaugebiet, in dem das Leben unaufhörlich seine reizvollen Bauspekulationen anstellt.

KÜCHEN

Viele Jahre konnte ich nicht kochen. Es handelte sich nicht nur um eine Form partieller Ignoranz. Tatsächlich waren mir die Prozesse, durch die bestimmte Teile der Welt essbar werden, schlicht vollkommen fremd. Mein Unwissen beschränkte sich nicht darauf, dass ich keine Ahnung hatte, wie man Zwiebeln schneidet. Ich wusste noch nicht einmal, dass Zwiebeln eine Zutat in den Gerichten waren, die ich jeden Tag aß. Ich hätte auch nicht sagen können, was eine Mehlschwitze, ein Ragù oder eine Brühe ist.

Es war aber nicht nur meine Schuld, denn was die Bereiche Selbstversorgung und Selbständigkeit betraf, wies meine Erziehung doch gewisse Lücken auf. Der Umstand, dass jedes menschliche Individuum nicht nur handeln, sondern auch Raum und Materie umgestalten muss, um sich zu ernähren, war eine viel zu komplexe und esoterische Wahrheit, als dass sie einem sozial unangepassten Teenager wie mir vermittelbar gewesen wäre.

Es waren die großen Modejahre der industriellen Gastronomie. Die Lebensmittel kamen vorgekocht in Schachteln oder Tüten nach Hause und ließen sich mit minimalem Aufwand zubereiten. Essen war mir immer wie etwas Gegebenes vorgekommen, wie ein Stein, eine Wolke oder etwas, das spontan entstand. So wie die Pralinen, von denen meine Tante Mimi behauptete, sie stammten von einem geheimnisvollen Schokoladenbaum, der in einem der Zimmer ihres Hauses versteckt war. Niemand musste über die Zubereitung nachdenken oder einen Finger dafür rühren. Diese nicht zuletzt durch mein Geschlecht bedingte Blindheit war eher ein Akt des Glaubens als eine reale Erfahrung. Denn um mich herum kochten Menschen – kochten für mich –, und doch waren sie unsichtbar.

Aber es war nicht nur ein moralisches oder kognitives Problem. Wer nicht kochen kann, ist noch nicht wirklich in der Welt angekommen und hat folglich keine Verbindung zu der allumfassenden planetaren Gemeinschaft. Die Gesten, Praktiken, Geschmäcker und Ideen, die wir als »Kochen« bezeichnen, sind nicht nur Ausdruck eines physischen Überlebenswunsches, sondern auch eine alles andere als zweitrangige Zierde unseres Tages. Die Küche ist sowohl Realität als auch das Symbol unserer Beziehung zur Welt. Wir können nur dann die Welt sein und werden, wenn wir sie radikal umgestalten und uns von ihr umgestalten lassen. Um die Welt sein und werden zu können, müssen wir stets aufs Neue das erschaffen, was die Magie der Renaissance ein »Siegel« genannt hätte, also eine Formel, die die Verbindung und Verwandlung einer Reihe unterschiedlicher Elemente ermöglicht und symbolisiert.

Beim Kochen geht es aber nicht nur um die Verwandlung dessen, was uns umgibt. Vor allem bereiten wir durch das Schneiden, Hacken, Reiben, Dünsten, Braten und Grillen unsere eigene Metamorphose vor. Es ist eine Verabredung, bei der eigentlich nicht miteinander verbundene Teile des Kosmos zusammenkommen, die anschließend nicht mehr dieselbe Form und Erscheinung haben und auch um eine neue Erfahrung reicher sind. Bei jeder Mahlzeit weihen wir uns gegenseitig in ein

Mysterium ein, an dem der gesamte Kosmos teilhat. Keine der Zutaten – seien es nun Zwiebeln, Tomaten, Fleisch, Weizen, Oliven oder der eigene Körper – verlässt die Küche so, wie sie hineingelangt ist.

Die Küche ist aus wenigstens zwei Gründen die transzendente Form der Beziehung einer jeden Wirklichkeit zur Welt. Zunächst einmal zeigt der Akt des Kochens, dass eine reine, von absolutem Respekt geprägte Beziehung zur Wirklichkeit unmöglich ist, denn wir können mit der Welt nicht vertraut werden, ohne sie zu verändern. Wir sind die Köche der Welt. Wir kochen und verwandeln sie unaufhörlich und kochen uns selbst dabei gleich mit. Alles beeinflusst sich unausgesetzt gegenseitig. Sich auf die Welt zu beziehen heißt andererseits niemals, dass man vor einer Aufführung steht. Es gibt keine Kontemplation, oder vielleicht ist Kontemplation nur eine der Arten, die Welt zuzubereiten. Das Kochen ist der Beweis dafür, dass es keine Autochthonie geben kann, keine unmittelbare, nichttransformative Verbindung zu einem Raum, einem Land, einem Ort oder einer Gruppe von Lebewesen. Und es gibt auch keine vorher festgelegte Ordnung, auf die wir uns verlassen könnten. Um in der Welt zu bleiben, müssen wir sie zubereiten, sie blanchieren, schneiden und umrühren, ihren Geschmack, ihr Aroma, ihren Duft und ihre Form verändern. Wir müssen »gegen die Natur«, gegen ihre und scheinbar unsere eigene Natur vorgehen.

Wir können die Welt allerdings nur bewohnen, wenn wir uns in sie einfügen und uns von allem, was uns umgibt, durchdringen lassen. Beim Kochen werden nicht nur Pflanzen, Pilze oder Tiere geopfert, sondern auch und vor allem das eigene Ich. Nach dem Essen sind wir nicht mehr dieselbe Person und genau deshalb müssen wir essen. Um zuhause zu sein, genügt es nicht, sich an einem physischen Ort aufzuhalten und ihm eine Form zu geben. Denn man kann nicht zuhause sein, ohne die Körper der anderen zu durchdringen und sich von den Dingen durchdringen zu lassen, die einen umgeben.

So gesehen kochen alle lebenden Körper die Welt und fügen der Erde Aromen hinzu, auch wenn sie oft nicht leicht verdaulich oder besonders schmackhaft sind. Denn wie der feinsinnige moldawische Denker Charles Malamoud schrieb, macht es keinen Sinn, »die gekochte Welt [...] einer rohen und natürlichen, vor ihr existierenden Welt« gegenüberzustellen. »Letztendlich ist alles schon gekocht, es geht nur darum, es wieder zu kochen.«

Es ist das allen Lebewesen innewohnende Feuer, das die Welt kocht. Wir dürfen nicht vergessen, dass die Energie, die Tiere und Pflanzen belebt, letztlich von den Pflanzen eingefangene Sonnenenergie ist, die sie direkt oder indirekt allen Lebewesen zur Verfügung stellen. Es pulsiert also ein außerirdisches Element durch unsere Adern, das das Leben überhaupt erst ermöglicht. Jede Interaktion mit Lebewesen ist eine Form des Kochens und der Weitergabe von Licht. Jede Erfahrung ist eine Art, zu kochen und uns von der Welt kochen zu lassen. Jeder lebende Körper ist eine Küche der Welt.

Der stärkste Beweis für diese seltsame Konfiguration, die alle Lebewesen miteinander verbindet und sie nicht so sehr in Nahrung, sondern vor allem in die Küche des Selbst verwandelt, ist eine außergewöhnliche Erfindung der Säugetiere: die Milch. Das Band zwischen Mutter und Kind ist eine Beziehung der Selbstumwandlung, die beide körperlich füreinander zugänglich macht. Die Liebe ist die Küche des Selbst, denn nichts kann sich auf den anderen beziehen, ohne ihn zu verändern.

Und die Milch ist nicht der einzige Fall, in dem die Bereitschaft zum Ausdruck kommt, für andere zur Nahrung zu werden. Auch bei dem, was wir »Obst« und »Gemüse« nennen, durchlaufen Pflanzen eine Metamorphose, durch die Teile ihres Körpers zu ihrer eigenen Küche werden und sie durch ein Band gegenseitigen Kochens mit anderen Lebewesen verbinden. Aus diesem Blickwinkel sollten wir auch Nahrungsbeziehungen betrachten, die verschiedene Arten miteinander verbindet. Wir sind es gewohnt, diese Beziehungen als Räuber-Beute-Schema zu denken, was stets einen bitteren Beigeschmack hinterlässt. Denn es bedeutet, dass das, was uns mit anderen Leben verbindet, eine Form von unvermeidlicher räuberischer Gewalt ist, der die einen zum Opfer fallen, damit die anderen leben können. Aber jede Art ist eine Milch für andere Arten. Es kann keine reinen Begegnungen zwischen den Arten geben, denn jeder Körper existiert durch die Küche seiner selbst. Und die Identitäten der Arten repräsentieren instabile Wirklichkeiten, die nur durch die Vermittlung einer wechselseitigen Fermentation, eines alles aus seiner Umgebung einsaugenden Metamorphosewirbels mit anderen in Beziehung treten.

Nur in der Küche kann das Leben sich selbst begegnen, nur wenn es zur Milch wird, kann es andere Lebensformen berühren. Deshalb ist nichts Lebendiges einem Schicksal unterworfen. Jedes Gericht, jede Mahlzeit ist eine Erfindung aus Aromen, Farben und Beschaffenheiten, die nichts mit der Gegenwart zu tun haben. Die Welt ist eine Küche, weil sie dank der Lebewesen beständig ihr Wesen und ihre Gestalt verändert, ohne dass die Vergangenheit wirklich Einfluss darauf nehmen könnte. Kochen heißt, einen Geschmack, einen Geruch und eine Beschaffenheit zu erzeugen, die das Gegebene, Gegenwärtige und Unmittelbare niemals offenbart hat und eigentlich auch gar nicht hervorbringen kann. Wie sollte man auch das Aroma eines Weines oder den Geschmack eines Whiskys anhand seiner Inhaltsstoffe erahnen? Und inwieweit muss die Welt verändert werden, damit der Geschmack erzeugt werden kann, der nur in der Begegnung unseres Körpers mit dem der anderen entsteht?

Die Küche ist eine Form der Wahrsagerei, die die Welt außerhalb des Ichs projizieren kann. Der häusliche Raum, in dem sich dieses Ritual abspielt, ist zugleich Kristallkugel und Destillierapparat. Er erzeugt eine Transformationsspirale, in der pflanzliche und tierische Arten einander – noch in ihrer ursprünglichen Form oder bereits verwandelt – durchdringen und verändern. So gesehen ist die Küche das Gegenteil des Gartens, in dem verschiedene Arten auf Distanz zueinander, aber in gegenseitiger Abhängigkeit existieren. In der Küche dagegen implodieren Raum und Identitäten. Dabei dringt alles in das andere ein und muss eine Qualität annehmen, die keinem der ursprünglichen Bestandteile eigen war.

Die Küche macht unser Zuhause zu einer ontologischen Umkleidekabine, in die unterschiedlichste Naturen eintreten, um sich in die Gewänder neuer kosmischer Charaktere zu kleiden. In der Küche ist das Zuhause nicht mehr geschlossen, rein menschlich. Ob Schweine, Hühner, Rinder, Weizen, Kakao, Kaffee, Mais, Haselnüsse, Birnen, Äpfel, Bananen oder Salat, die verschiedensten Lebensformen kommen hier zusammen, um unsere Körpermaterie Atom für Atom zu ersetzen. In diesem

Raum bekennen wir, dass wir nichts Menschliches an uns haben. Wie ein Frankenstein-Monster werden wir im Leben von Lämmern, Birnen, Spargel und Steinpilzen wiedergeboren. Wir nehmen ihr Fleisch zu uns oder lassen sie durch unseren Körper und unsere Gestalt leben. Wir sind kosmische Schlächter, in denen Dutzende von Arten sterben, um in anderer Form wiederaufzuerstehen. Die Küche verwandelt das Zuhause in einen Wirbelsturm, in dem alles sein Gesicht verändert und in den Körper des anderen eindringt.

Da die Küche erst sehr spät in die bürgerlichen Wohnungen Einzug gehalten hat, sollte sie das Zuhause eigentlich ganz in Beschlag nehmen. Sie sollte zu seinem neuen Paradigma werden und sich in ein gemeinschaftliches Laboratorium verwandeln, in dem wir uns selbst und die Welt verändern, um Tag für Tag auf andere Weise das richtige Maß an Vermischung, mithin das mögliche gemeinsame Glück zu finden. Die neue Stadt sollte eine Retorte sein, in der wir das Elixier des Lebens destillieren, indem wir uns miteinander und mit jeder Art von Objekten vermischen.

Die Philosophie sollte die Stadt vom Zuhause aus denken und das Zuhause von der Küche aus. Und genau das versucht die Architektur dank der Forschungen von William Cronon, Carolyn Steel und Dorothée Imbert. Sobald wir den urbanen Raum aus der Küchenperspektive betrachten, wird uns bewusst, dass Städte viel größer sind, als wir sie uns vorstellen. Die nicht-menschlichen Lebewesen, die wir in der Regel aus ihnen verbannen, müssen ebenfalls dazugehören. Denn ohne Weizen, Mais oder Reis, ohne Apfel- oder Birnbäume, ohne Schweine, Kühe oder Lämmer wären menschliche Städte gar nicht denkbar. Es sind die nicht-menschlichen Lebewesen, die unsere Städte und unser Zuhause überhaupt erst bewohnbar machen. In die Küche kommt, was sonst nirgends Zutritt hat. Sie ist ein Schmelztiegel, in dem sich die Grenzen zwischen den Dingen und den Menschen auflösen und der Gegensatz zwischen Mensch und Nicht-Mensch in einem feierlichen Verschmelzungsakt aufgehoben wird.

Noch etwas anderes prädestiniert die Küchen als Vorbilder für die zukünftige Gestaltung unseres Zuhauses, denn es handelt sich um doppelgesichtige und widersprüchliche Orte. Als häusliche Hüter des Feuers, das uns in die Lage versetzt, die Welt zu verändern, sind Küchen gleichsam Relikte einer primitiveren Menschheit. Gleichzeitig ist die Küche jedoch der am stärksten technisierte Raum jeder Wohnung, was sie zu einem technischen Labor, einer Fabrik, einem Ort für Erfindungen und Kunstgriffe macht. Die Küche ist der Technikraum schlechthin, aber auch der Ort, an dem uns die Technik in ihrer höchsten und erhabensten Form zu Diensten sein kann. Die Kochkunst verwandelt andere Lebewesen und auch unseren Körper, um Nahrung zu produzieren, und zeigt damit, dass wahrer Technik immer eine Form der Fürsorge innewohnt. In der Kochkunst kommen liebevolle Aufmerksamkeit für sich selbst und andere sowie die Suche nach persönlichem und gemeinsamem Glück zum Ausdruck. Außerdem ist sie die Quelle einer kurzlebigen Harmonie, deren einziger Zweck darin besteht, dem Leben Momente des Genusses und der Geselligkeit zu bescheren.

SCHLUSS

DAS NEUE ZUHAUSE ODER DER STEIN DER WEISEN

Unser gegenwärtiges Zeitalter unterscheidet sich von allen vorangegangenen. Und es ist weder das zufällige Ergebnis winziger Veränderungen einiger weniger Faktoren noch die Folge einer neuen Sichtweise auf die Welt.

Der Bruch mit der Vergangenheit ist sehr viel tiefgreifender. Nicht der Mensch, sondern der Planet selbst hat sich verändert. In den letzten Jahrzehnten haben technologische, biologische, klimatische und sogar geologische Entwicklungen eine nie dagewesene Beschleunigung erfahren. Eine gewaltige Heerschar von Artefakten bedeckt die Erdoberfläche und verbraucht enorme Mengen an Energie, um sich selbst zu erhalten.

Tausende Arten sind ausgestorben, und ihr Verschwinden hat unaufhaltsame Mechanismen in Gang gesetzt, die das von der Evolution in Äonen geschaffene ökologische Gleichgewicht in kürzester Zeit verändern.

Der Klimawandel wirkt sich massiv auf das Leben insgesamt aus, denn er sorgt für Verschiebungen in der geografischen Verteilung von Pflanzen- und Tierarten, was die Lebensräume unwiederbringlich verändert.

Gleichzeitig hat der Mensch die Erdoberfläche durch seine Aktivitäten so sehr umgestaltet, dass sie nicht mehr mit der Vergangenheit vergleichbar ist. Wir leben nicht mehr auf demselben Planeten wie unsere Vorfahren.

Es ist beinahe so, als wären wir allesamt – Menschen, Pflanzen, Tiere, Pilze, Bakterien, Archäologie – auf einem anderen Planeten gelandet, den vor uns niemand betreten, dessen Formen niemand gesehen und dessen Stärke niemand gemessen hat.

Wir sind Pioniere, neue Evas und Adams, gezwungen, die Welt zu erforschen, den Dingen Namen zu geben, uns die Zunge an neuen Aromen, neuen Geschmacksrichtungen zu verbrennen und uns die Knie in bislang unbewohnten Gebieten aufzuschürfen.

Anders als in der Bibel müssen jedoch wir selbst diesen neuen Planeten in einen Garten verwandeln, denn eine andere Lösung gibt es nicht.

Wir sind nicht die Töchter und Söhne dieser Erde, und sie ist nicht unsere Mutter. Unsere Verbindung zu ihr ist noch sehr viel stärker, radikaler, unausweichlicher, denn wir sind Fleisch von ihrem Fleisch. Unser Leben ist untrennbar mit ihrem Leib verbunden, in und von dem wir leben.

Und dennoch verdanken wir alles den Steinen.

Die allermeisten von uns leben in Steinhäusern. Sie sind nicht mehr wie die Höhlen, die wir einst bewohnten, sondern riesige mineralische Gebilde, denen wir die erstaunlichsten Formen geben. Wir verbringen einen Großteil des Tages umgeben von Steinen, essen, schlafen, lieben, kochen, waschen und erholen uns in steinernen Räumen. Wir denken, träumen, schreiben, zeichnen und erschaffen Kunstwerke im Schutz von Steinmauern unterschiedlichster Art.

Aber Steine sind nicht nur stumme Zeugen unseres Lebens, sondern begleiten uns auch auf andere Weise, denn wir verwenden sie dazu, um uns fortzubewegen. Wir konstruieren

Gegenstände aus Glas und Metall, beides aus Stein gewonnen, nennen sie »Autos« und füttern sie mit Öl, dieser seltsamen Form verflüssigten Steins. Auch Flugzeuge sind aus Stein erschaffene Metallobjekte, mit denen wir uns durch den Himmel bewegen können. Gleiches gilt für die Boote, mit denen wir uns auf dem Wasser fortbewegen. Es sind letztlich also modifizierte Steine, mit deren Hilfe wir nicht nur unser eigenes Leben, sondern gleich den ganzen Planeten radikal verändern. Sie vereinfachen aber nicht nur unsere Fortbewegung und definieren auch nicht nur die Fauna und Flora aller Lebensräume neu, sondern verändern die Geografie selbst. Der Stein beschränkt sich aber nicht nur auf das Land, das Wasser und die Luft. Darüber hinaus haben sich virtuelle Steinkorridore geöffnet, die es allen Arten erlauben, ihren Standort zu wechseln und über die Erdoberfläche zu wandern.

Und doch ist es eine andere Form von Stein, die unser heutiges Leben am stärksten bestimmt, nämlich die Computer, jene aus Polymer, Kunststoff, Keramik, Kupfer, Eisen, Nickel und Silizium erschaffenen Artefakte, in denen wir unsere Erinnerungen und Gedanken festhalten. Unsere Gehirne und Archive bestehen nun aus demselben Material wie die Welt. Und einer Abart dieser Steine, dem Mobiltelefon, ist es zu verdanken, dass wir jederzeit mit jedem auf dem Planeten in Verbindung treten können. Und das ermöglichen uns Kupfer, Silber, Gold, Tantal, Nickel, Dysprosium, Praseodym, Terbium, Neodym, Gadolinium, Silizium, Sauerstoff, Antimon, Arsen, Phosphor, Gallium und viele andere, den Steinen der Erde abgerungene Elemente. Unsere Gefühle werden nicht mehr nur durch unseren fleischlichen Körper, sondern auch durch die Geologie, den steinernen Körper von Gaia selbst übertragen. Im

Grunde haben wir die Steinzeit also niemals wirklich hinter uns gelassen.

Tatsächlich scheinen wir mehr und mehr von unserem Leben in ihren Körper zu verlagern. Wir haben die Erde zu einem Anhängsel, einer Prothese unserer eigenen Anatomie gemacht. Für diese Vermenschlichung des Planeten wurde der Begriff Anthropozän erdacht. Wir wollen uns alle Kräfte der Erde aneignen, uns die ganze Kraft der Steine dienstbar machen und die Materie des Planeten mit unseren Gedanken, unseren Gefühlen, ja unserem Leben besetzen. Es ist eine Form unbewusster, narzisstischer Besessenheit, denn wir tun alles dafür, dass sich unser Gesicht in dem des Planeten widerspiegelt. Wir versuchen, sein Äußeres zu verbergen.

Wir sind überall zuhause. Alles ist oder wurde von Menschen bewohnt. Wir haben jeden Winkel des Globus in ein kosmisches Zimmer, eine Garage, eine Küche, einen Schrank oder ein Badezimmer verwandelt. Man könnte sagen, das Anthropozän repräsentiert den Umstand, dass der Planet selbst zum Zuhause geworden ist. Es gibt keine Äußerlichkeit und kein räumliches Anderssein mehr. Deshalb ist auch die Stadt am Ende, denn wir können das Zuhause gar nicht mehr verlassen. Allerdings handelt es sich nicht um eine Quarantäne oder einen Lockdown. Vielmehr hat das Zuhause so viel von der Welt und vom »Planeten« vereinnahmt, dass kein Platz mehr übrig ist. Man kann den Blickwinkel sogar umkehren und sagen, das Zuhause selbst ist zum Planeten geworden. Der Planet ist in uns eingedrungen, seine Kräfte haben uns durchdrungen und seine Mächte uns geformt. Von Gaia durchdrungen zu sein heißt, sein Leben immer wieder wechseln und es an andere Arten weitergeben zu müssen. Die eigene Form ist nur noch eine mobile Konfiguration. Auch deshalb lässt sich der Gegensatz zwischen lokal und global sowie zwischen innen und außen nur in Form des Gegensatzes zwischen irdisch und außerirdisch artikulieren. Aber selbst wenn wir auf einen anderen Planeten gelangten, könnten wir nichts anderes tun, als unser Zuhause dorthin mitzunehmen – selbst dann, wenn es sich auf einen Raumanzug reduziert. Wir sind dazu verdammt, das Konzept unseres Zuhauses überall zu verwirklichen.

Es ist kaum möglich, die Folgen dieser Metamorphose genau zu beziffern. Fest steht allerdings, dass sie das Ende der Moderne bedeutet, die für sich in Anspruch nahm, eine Alternative zum häuslichen Raum zu erschaffen. Sie entriss die Produktion dem antiken *oikos* und machte die Erzeugung von Reichtum zu einer öffentlichen, politischen Angelegenheit. Doch nun ist die Arbeit ins Heim zurückgekehrt, denn der Planet des Zuhauses entreißt seinerseits den Städten die Produktion, um wieder autonom zu werden.

Die Stadt hatte das gesamte sinnlich wahrnehmbare Leben in sich aufgesogen. Museen, Kaufhäuser, Panoramen und Messen erschufen ein Schattenspiel, das das Stadtleben in eine Art Open-Air-Festival verwandelte. Doch nach und nach haben diese Empfindungen Wege ins Zuhause gefunden und sich dauerhaft darin niedergelassen. Nun werden die Sinne zuhause angeregt, denn hier machen wir Entdeckungen, treffen andere und haben unvergleichliche Erlebnisse.

In diesem neuen Raum, diesem weltumspannenden Zuhause, wird man zwangsläufig zum Kosmopoliten, denn es ist unmöglich geworden, eine lokale Identität zu beanspruchen. Kontinente und Nationen sind nur mehr Zimmer in einer einzigen großen Wohnung. Daher wäre es auch widersinnig, etwas erobern zu wollen, denn das wäre ja ungefähr so, als würde man von der Küche aus imperialistische Gelüste im Hinblick auf das Badezimmer entwickeln.

Die tragischen Helden, mit denen die Moderne begann (allen voran Hamlet), versuchten einen öffentlichen Raum zu begründen, indem sie sich der häuslichen Wirklichkeit entledigten und ihr Schicksal einfach verdrängten. Aber das geht schon deshalb nicht mehr, weil es in diesem Zuhause alles gibt und zugleich alles unbekannt bleibt. In diesem Zuhause leben Milliarden Menschen, über die wir nichts wissen. Dort existieren Wälder und Tiere, von denen wir nichts ahnen, und Gegenstände, deren Funktion und Bedeutung wir nicht kennen.

Das Zuhause ist so groß wie der Planet geworden und sprengt alle Formen von Geografie und Genealogie. Jedes noch so kleine Lebewesen kocht den Kosmos und verändert seinen Geschmack für immer. Jedes noch so kleine Teilstück des Planeten wurde schon einmal von irgendwelchen, längst verschwundenen Mitlebewesen gekocht.

Die Entstehung dieses weltumspannenden Zuhauses markiert auch das Ende der Ökologie, die sich den Planeten erstmals als einen einzigen globalen Lebensraum vorstellte. Es war Isaac Biberg, ein Schüler des schwedischen Biologen Carl von Linné, dem Begründer unseres biologischen Klassifizierungssystems, der 1749 mit *De Oeconomia naturae* die erste große Abhandlung über Ökologie veröffentlichte. Der Grund für seine Neubetrachtung der Welt war seinerzeit allerdings theologischer Natur. Damals wusste man noch nichts von der Evolution, sondern ging von der Unveränderlichkeit der Arten aus. Um in einem solchen Kontext zu verstehen, ob es zwischen einem Büffel aus Arizona und einer Fliege aus Australien einen

Zusammenhang gibt, musste man den Standpunkt dessen einnehmen, der beide erdacht, entworfen und erschaffen hat: Gott. Da dieser für die Existenz beider Lebewesen verantwortlich ist, muss er eine Beziehung zwischen diesen beiden Arten und allen lebenden Arten erdacht und herbeigeführt haben. Im christlichen Universum verhält sich Gott der Welt gegenüber aber nicht wie ein Gouverneur oder politischer Anführer zu seinem Volk, sondern wie ein Familienvater gegenüber seinem Zuhause. Er übt nur deshalb Macht über die Welt aus, weil er sie erschaffen hat. Andererseits verhält sich die Welt Gott gegenüber nicht wie ein Untertan zu einem Herrscher, sondern wie ein Sohn zu seinem Vater. Alles Leben auf der Erde repräsentiert also das Zuhause und die Familie des einen Gottvaters. Deshalb bezeichneten Biberg und Linné diese Wissenschaft als »Ökonomie der Natur«. Der Planet hat sich jedoch in den Lebensraum einer einzigen Spezies verwandelt, was das genaue Gegenteil des perfekten Gleichgewichts ist, das den Vätern der Ökologie vorschwebte. Gerade weil alle Lebewesen jetzt zuhause sind – und zwar in unserem, dem menschlichen Zuhause –, kann es kein »natürliches« Gleichgewicht mehr geben.

Wie können wir in einem Zuhause leben, das den gesamten Planeten umfasst? Und wie kann uns die Philosophie, die sich seit jeher als urbane Wissenschaft versteht, dabei helfen? Wie lassen sich die Steine, die die Erde übernommen haben, in etwas anderes verwandeln? Eine alte esoterische Tradition namens Alchemie verband die Philosophie mit der Chemie. Bei dem Begriff handelt es sich um die arabische Transkription des griechischen Wortes *chymeia*, das so viel wie »Gemisch« bedeutet. Betrachtet man die Philosophie als eine Form der Chemie, muss man jede Trennung von Denken und Materie ablehnen. Das Denken ist also Stein oder eine bestimmte Bewegung von Steinen. Wenn aber das Denken eine Art Chemie der Welt ist, die diese in ihre eigene materielle Struktur umwandeln kann, dann muss alles Denken ein Akt kosmischer Synthese sein, der Bestehendes nachbilden und Neues erschaffen kann. Denken heißt dann nicht mehr, eine abstrakte Form zu ersinnen und sie auf die Materie zu projizieren, sondern eine neue Form zu synthetisieren und die Welt materiell zu verändern. Umgekehrt macht das jede noch so kleine materielle Umwandlung zu einem Akt des Denkens, zu einer Idee.

Mit dieser neuen Chemie könnten wir uns selbst retten. Dazu müssen wir das Zeitalter des Steins und des Zuhauses keineswegs hinter uns lassen, sondern es einfach nur feiner und flexibler gestalten. Wir müssen ein Zuhause ersinnen, das sich ebenso schnell verändern kann wie das Klima oder das Wetter. Die Aufgabe der Alchemie war die Synthese des Steins der Weisen, der nicht eine andere Steinstruktur, sondern das Prinzip der Transmutation repräsentierte, das jeden Stein in jede beliebige Form verwandeln und folglich die Einheit und Äquivalenz aller Bestandteile des Planeten bestätigen kann. Das Zuhause der Zukunft sollte dieser Stein der Weisen sein. Es muss das Prinzip verkörpern, dass sich alle Dinge ineinander verwandeln können und alles Leben gleichwertig ist. Während das Zuhause der Vergangenheit eine Differenzierungsmaschine war, muss das Zuhause der Zukunft eine kollektive Mischmaschine werden, in der Klassen, Identitäten, Völker und Kulturen miteinander verschmelzen. Das Zuhause wird die Küche des Planeten sein, in der die Erde einen neuen Geschmack finden muss.

DANK

Als ich dieses Buch zu schreiben begann, war mir nicht klar, dass der ganze Planet monatelang im Haus eingesperrt sein würde. Durch diesen seltsamen Zufall wurde aus einem Buch über das Zuhause buchstäblich eines über die Welt. Es hat aber auch die Zeit angehalten. Die angegebenen Daten beziehen sich auf den Moment der Niederschrift und nicht auf den Zeitpunkt der Veröffentlichung.

Viele Menschen haben Teile des Manuskripts gelesen und mir so geholfen, es zu verbessern. Mit anderen habe ich fruchtbare Gespräche geführt.

Danken möchte ich Giorgio Agamben, Frédérique Aït-Touati, Annalisa Ambrosio, Marcello Barison, Stefano Boeri, Arianna Brunori, Barbara Carnevali, Hervé Chandes, Michela Coccia, Emanuele Dattilo, Chris Dercon, Alessandro de Cesaris, Cecilia Granara, Donatien Grau, Fabian Ludueña, Laura Maeran, Annalisa Merelli, Annalisa Metta, Alberto Parisi, Philippe Parreno, Philippe Quesne, Camille Richert, Paolo Roversi, Bas Smets, Michele Spanò.

Mein Dank gilt aber auch Paolo Repetti, der mich großzügig in diesem neuen Zuhause aufgenommen hat, Rosella Postorino, die mir das Schreiben beibrachte, und Maria Luisa Putti, die mich in die Geheimnisse der italienischen Sprache eingeweiht hat.

Ich widme dieses Buch meiner Tochter: Seit sechs Jahren ist zuhause alles, was ich mit ihr und für sie tun kann.

BIBLIOGRAFIE

I. Ábalos, *Il buon abitare. Pensare le case della modernità*, Mailand 2009.

F. Aït-Touati, A. Arènes, A. Grégoire, *Terra Forma. Manuel de cartographies potentielles*, Paris 2019.

J. S. Allen, *Home: How Habitat Made Us Human*, New York 2015.

E. Ambasz (Hg.), *Italy: The New Domestic Landscape*, New York 1972.

G. Attili, *Civita. Senza aggettivi e senza altre specificazioni*, Macerata 2021.

P. V. Aureli, G. Mastrigli, B. Steele, *Dogma: 11 Projects*, London 2013.

G. Bachelard, *Poetik des Raumes*, Frankfurt a. M. 1987.

R. Banham, *A Home Is Not a House*, in: J. Ockman (Hg.), *Architecture Culture 1943–1968: A Documentary Anthology*, New York 1993, S. 370–378.

A. Betsky, *Making it Modern: The History of Modernism in Architecture and Design*, New York 2016.

T. Bilbao, *A House Is Not Just a House: Projects on Housing*, New York 2018.

S. Boeri, *Un bosco verticale. Libretto di istruzioni per il prototipo di una città foresta*, G. Musante und A. Muzzonigro (Hg.), mit Beiträgen von M. Brunello, L. Gatti und J. Gocałek, Mailand 2015.

A. Branzi, *La Casa Calda. Esperienze del nuovo Design Italiano*, Florenz 1984.

A. Branzi, *E = mc2. Il progetto nell'epoca della relatività*, E. Cattaneo (Hg.), New York 2020.

M.-A. Brayer, E. Cyriaque, *Ant Farm Redux*, Orléans 2007.

B. Bryson, *Breve storia della vita privata*, trad. it. di S. Bortolussi, Mailand 2011.

G. Celant (Hg.), *Cucine & ultracorpi*, Mailand 2015.

B. Colomina, *Privacy and Publicity. Modern Architecture As Mass Media*, Cambridge (Mass.)-London 1994.

B. Colomina (Hg.), *Sexuality & Space*, Princeton 2000.

B. Colomina, *Domesticity at War*, Cambridge (Mass.)-London 2008.

B. Colomina, M. Wigley, *Are We Human? Notes on an Archaeology of Design*, Zürich 2016.

W. Cronon, *Uncommon Ground. Rethinking the Human Place in Nature*, New York 1997.

J. de Gaultier, *Le Bovarysme. La Psychologie dans l'œuvre de Flaubert*, Paris 1892.

D. de Kerckhove, *La pelle della cultura. Un'indagine sulla nuova realtà elettronica*, C. Dewdney (Hg.), Genua 1996.

N. Elias, *Höfische Gesellschaft und Zivilisationsprozess*, Köln 2005.

K. Englert, *Wie wir wohnen werden. Die Entwicklung der Wohnung und die Architektur von morgen*, Ditzingen 2019.

I. Forino, *La cucina. Storia culturale di un luogo domestico*, Turin 2019.

E. H. Gombrich, *Style*, in: *International Encyclopaedia of the Social Sciences*, New York 1968, Bd. 15, S. 352–361.

V. Gordon Childe, *Der Mensch schafft sich selbst*, Dresden 1959.

B. Groys (Hg.), *Russian Cosmism*, Cambridge (Mass.)-London 2018.

D. J. Haraway, *Das Manifest für Gefährten. Wenn Spezies sich begegnen – Hunde, Menschen und signifikante Andersartigkeit*, Berlin 2016.

M. Harris, *Kannibalen und Könige. Aufstieg und Niedergang der Menschheitskulturen*, Frankfurt a. M. 1978.

D. Hayden, *The Grand Domestic Revolution: History of Feminist Designs for American Homes, Neighborhoods and Cities*, Cambridge (Mass.)-London 1981.

E. Heathcote, *Meaning of Home*, London 2012.

F. Irace (Hg.), *Storie d'interni. L'architettura dello spazio domestico moderno*, Rom 2015.

A. Jacque, *Superpowers of Scale*, New York 2020.

E. Kapp, *Grundlinien einer Philosophie der Technik: Zur Entstehungsgeschichte der Kultur aus neuen Gesichtspunkten*, Frankfurt a. M. 2015.

K. R. Kegler, A. Minta, N. Naehrig (Hg.), *RaumKleider. Verbindungen zwischen Architekturraum, Körper und Kleid*, Bielefeld 2018.

R. Koolhaas, *Elements of Architecture*, Köln 2018.

Le Corbusier, *Der Modulor. Darstellung eines in Architektur und Technik allgemein anwendbaren harmonischen Maßes im menschlichen Maßstab*, Stuttgart 1953.

Le Corbusier, *Kommende Baukunst*, Stuttgart 1926.